“如果一个人不知将要航向哪个港口，那么任何风向都是逆风。”

——塞内卡（约公元前4年—公元65年）

“没有什么比用我们欧洲的标准来评判中国更虚假的了。”

——马嘎尔尼子爵，1794年

“在实现共产主义之前，中国就是中国。这是世界上最伟大的国家。也许有一天，它将成为世界第一大国。”

——夏尔·戴高乐，1963年

谨以此书献给所有致力于和平、自由与人类进步事业的人。

—— 皮埃尔·皮卡尔

La Chine dans vingt ans et le reste du monde by Pierre Picquart

江苏省版权局著作权合同登记：图字10-2011-699号

20年后，中国和世界

La Chine dans vingt ans et le reste du monde

[法]皮埃尔·皮卡尔 Pierre Picquart / 著
陈昊源 / 译

江苏人民出版社

图书在版编目（CIP）数据

20年后，中国和世界 / （法）皮卡尔（Picquart，P.）著；陈浩源译.--南京：江苏人民出版社，2011.12
ISBN 978-7-214-07765-3

Ⅰ.①2… Ⅱ.①皮…②陈… Ⅲ.①中国-研究
Ⅳ.①D6

中国版本图书馆CIP数据核字（2011）第261990号

书　　名	**20年后，中国和世界**
著　　者	[法]皮埃尔·皮卡尔
责任编辑	王　田　刘　艳
装帧设计	红猫工作室
出版发行	凤凰出版传媒集团 凤凰出版传媒股份有限公司 江苏人民出版社
集团地址	南京市湖南路1号A楼，邮编：210009
集团网址	http://www.ppm.cn
出版社地址	南京市湖南路1号A楼，邮编：210009
出版社网址	http://www.book-wind.com http://jsrmcbs.tmall.com
经　　销	凤凰出版传媒股份有限公司
照　　排	上海本周图书有限公司
印　　刷	启东市人民印刷厂
开　　本	718毫米×1000毫米　1/16
印　　张	17.75
字　　数	256千字
版　　次	2012年3月第1版　2012年3月第1次印刷
标准书号	ISBN 978-7-214-07765-3
定　　价	39.80元

目录
CATAIOG

跻身世界强国“第一方阵”的中国，在其经济增长的刺激作用下，也想找到一片“自己的天空”！　有人要问：中国市场的规模究竟会有多大呢？那简直是无可估量的：目前中国14亿人口中有20%尚未满15岁……

这个新的“中国制造”品牌，是否能赢得创新、高科技、高质量的口碑呢？

中国的海洋事业和航海传统充满传奇色彩。

中国将加快发展大型战争建筑，包括航空母舰、新型潜水艇、超音速巡航战斗机以及其他的新一代尖端武器……

2008至2010年源自美国的世界金融危机及其影响加速了西方经济的衰退，而同时有利于亚洲和中国经济的发展。中国将这场全球危机视为加速其发展的关键和重要机遇：中国想要实现复兴，就要有天空一样的高度重视这一契机。

中国企业全力奋进，它们凭借着自己的风格、方法、工程师、高管人员、工人和机器设备，势不可挡。

普华永道（PwC）报告显示：中国有望在2018年赶超美国，这主要得益于此次金融危机——它加速了权力中心向新兴国家的转移。高盛报告预测：2030年中国股市将压制美国，攀升至全球第一股市的位置，中国将成为世界最大经济体。

中国权势将会覆盖全球，影响力将遍及五大洲，到那时，有的将不再只是中国，而是一个强大的中国，它将在国际上享有盛望，拥有一支现代化的军队、一个月球基地。

出版序
PUBLISHED SEQUENCE

世界不应惊奇

颜石泉

我们在欧洲的版权机构于2011年7月发现了皮卡尔先生的这本《20年后的中国和世界》，我们用了半年时间完成了这本书的出版流程，而今，送达到读者眼前的这本书基本无删节。

皮卡尔先生是巴黎大学的政治学博士，有自己完全独立的研究方法，并依此得出结论。其结论有如在1980年前后因出版《日本第一》名噪一时的哈佛学者傅高义一样，告知世界：20年后，中国第一。

但，未来的20年恰是全球最具不确定性之年。或许正因为如此，皮卡尔先生讲的是经济。政治、军事以及人类总量和地球生态异动等作为经济背后的决定源，在当今世界均处在高度风险之中。

关于中国能否第一，世界将信将疑，很多人充满期待，也有很多人充满担忧，这恰是本书的意义所在。近五年，当这种说法趋于一致时，世界也正好在发生深刻变化：继美国金融危机后，欧洲开始爆发深层次债务危机。但其实，日本和美国的债务危机远远大过欧洲的任何一个国家。

有一种说法是，欧洲的福利主义大规模地超越了国家的生产能力和政府的支付能力。美国则是军事扩张主义拖垮了其经济能力，从而带来不可避免的衰退，且速度奇快。日本是国家能力到了极限。而中国，却是在此时进行主动式的转型和调整：控制增长。在全球性经济危机下面，尤其在2012这个特别年坎里，冷静胜过一切，行政性的干预也比纯市场行为要来得更有效。尽管这一做法充满争议。

随着2012年的到来，各种预言满天飞。萧条经济学大师保罗又在纽约时报上预测中国经济了……今天是2011年12月21日，离玛雅关于灾难的预言整整一年，相信这一年里的每一个时刻都充满话题。

中国是一个充满奇异的国家，传统又现代，皆因国家从传统向现代转换的时间过 快。从未有一个国家像中国一样人口遍及在全球各个角落，唯有一个关于中国第一的数据传递出去，将绝对迅速的曼延并欢腾。中国是一个充满奇异的国家，在全球历史的四分之三时间里GDP都位居第一，却从未外出犯国，反而闭关自守。何曾如英帝国满世界殖民地、如日本铁蹄亚洲、如美国布阵全世界。也正如此，本书令我最大的思考是：经济的第一只会带来被吞食的结果，起码中国历史如此，怎么办？

20年,如果确如皮卡尔先生所说中国第一,相信全世界的安全度会更高,因为,中国的履历说明了这点。

世界不应惊奇,中国原本就是最优秀的国家,只是历经近代百年沉寂,勤劳的中国只是在复兴。

2011年12月21日于上海

推荐序
RECOMMENDED PROCEDURES

20年后的世界，中国人的世界？

帕斯卡·奥多诺

我们总会选一些书摆在自己的书架上，以备不时之需。它们往往是最珍贵的。那么，在经济学领域，什么样的书才算得上是一本有用的工具书呢？皮埃尔·皮卡尔做出了一个很好的榜样。

一般评论性书籍往往引人入胜，但生动的文笔通常掩盖了其信息的匮乏，除非书中仅涉及对原始信息泛泛的引用。本书也是一本评论性书籍——无论作者是否同意这一说法，而有所不同的是，本书侧重于提供原始信息、数据和资料并以此为基础展望未来。

因此，皮埃尔·皮卡尔的这本书同时也是一部详尽阐释“20年后的中国与世界”的文献。当然，写出这样一本关于这个美丽而又神秘的东方国度的著作，并认为它将会超越以往所有的大国，皮埃尔·皮卡尔绝非第一人。不过本书却兼具严谨的结构和充分的论据，这让它在同类书籍中脱颖而出。

现在的中国对于世界各国而言都是一个不可小觑的挑战者，对于美国和欧洲列强——这些曾经的世界霸主而言更是如此。皮埃尔·皮卡尔对此进行了详细阐释。近年来，中国已成为全世界的加工车间，并一直持有着数额最为巨大的外汇储备。无论是在经济金融领域、人文领域还是在科技领域，中国都在朝着世界第一强国迈进，作者将在本书中为我们详细描绘这一缓慢征途。

书中涉及到的数字非常惊人，皮埃尔·皮卡尔就像排兵布阵一样将它们罗列开来：城市规模发展迅猛，通讯方式层出不穷，中国将要构建起世界上最庞大的公路、铁路以及航空网络；几个世纪以来，中国曾一度拒绝成为海上强国，而如今情况则大不相同，中国将成为世界上最重要的海上强国，其港口规模也将变得十分巨大；中国在全世界各个领域广泛投资，成为最大的直接投资国，尤其是在农业方面，中国在全球各地购置了数百万公顷的土地；每年都有不计其数的工程师和高级技术人员从大学校园走出，研究中心也如雨后春笋般相继涌现。

中国的强大将体现在外交领域，在商讨重大国际问题、处理各大国际机构（如果际货币组织、联合国等）事务的过程中，都少不了中国的声音。“明天的世界，一切都会中国化吗？”本书一针见血地提出了这个问题。其结论也毫不暧昧：“这将是场彻底地变革，我们必须去习惯。”

然而，在向这部作品的出色品质致敬并给出高分之后，我作为评论家的任务并未到此终止，我应该更进一步履行我的职责。在读这本书的同时——相信应该有更多的人来阅读它，我不禁想起另外一本在当时同样振奋人心的书：由美国的社会展望学先驱赫尔曼·卡恩所著的《日本的挑战》。该书于1971年在法国出版。四十年前，这本书描绘了日本势不可挡的崛起，使得西方国家难以望其项背。赫尔曼·卡恩曾告诫西方人：“这个国家的人均GDP将会超越美国，其GDP总值或将在2000年左右超过美国……”他还补充道：“有一件事是确定的……日本人想要利用其自身环境创造出一件艺术品，打造精湛的技术。”我们不会对日本人对环境的所作所为刨根问底，因为我们非常清楚自然事件是上演历史的根源。毕竟赫尔曼·卡恩编织的预言在很大程度上得到了人们的宽容。

我们会说，经济学已经发展进步，不必再通过这种历史性对比来寻求原因了。但中国是否能一直这样从容并毫不畏惧地走向世界之巅，我们对此也会抱有这样或那样的疑问。亨利·基辛格曾说过，中国的世界性规划可能会与“重大的内部问题”相冲突。

首要问题就是中国现行的政治体制与社会经济发展之间的矛盾。“制造”数以万计的工程师、学者、企业家、管理人员与金融家，将不可避免地产生与之相关的责任、组织和权力等问题。

基础设施方面的投资理应获得收益，况且建造新的机场、高速铁路等设施会造成严重的财政赤字，这对所有人来说都已经不是秘密了。为了避免中国目前的大型经济区挤成一团，形成“血栓”，就必须重新调整全国的经济发展态势，将重心向中心城市转移。而这又会产生怎样的社会成本呢?

对于中国这个未来的世界领袖，亨利·基辛格还曾断言：“很难相信连这样基本的转变都需要操劳的国家，会有时间把精力放在主宰世界上。”

四十年后，皮埃尔·皮卡尔说的预言能否应验呢？这并不重要！正是因为他提出了，并严谨而清楚地剖析了中国问题，这本书才值得一读。

注：本文出自法国《回声报》（les Echos.fr，法国最具权威性的经济类日报之一）。

帕斯卡·奥多诺：

银行家，法国《回声报》(les Echos.fr)“思想与辩论”、“圆”等专栏特约撰稿人。

曾在法国、美国和英国的各类大型企业和小型机构中担任副总经理、总经理以及首席执行官。目前担任汇丰银行票据融资公司的首席执行官，提出并贯彻实施了汇丰保理服务战略。

著有多部经济学著作:《跨国公司与国家》(les Multinationales contre les Etats)、《全球原材料大战》(la Bataille Mondiale des Matières Premiéres)、《中长期贷款》(le Crédit à Moyen et Long Terme)等。

自序
PREFACE

世界，西方国家和中国

我们正参与到一场彻底的变革中，很快，世界力量的平衡将不再成为争论的焦点。三年里，随着世界经济与金融危机的蔓延，世界已经无法维持原有的平衡。

在这个决定性的转折点，当美国霸权正在逐渐减弱，让步于中国利益时，我们观察到全球经济权力正逐渐从欧洲向亚洲转移，从西方向东方转移，从美国向中国转移。

目前，美国政府正面临着一场严重的银行危机，山姆大叔的帝国甚至可能会衰落得更快……事实上，占据统治地位的国家通常垮台得都比预计的要快得多！

尽管世界经济开始缓慢复苏并且“状态良好”，但我们终将见证一个“长周期”的终结。这并不是不切实际的空想。

21世纪初将引发一场历史性的重大变革，不仅发生在政治、经济、文化和金融领域，同样也将出现在技术和卫生领域。

西方国家的经济增长放缓、西方霸主地位的丧失以及新兴国家的飞速发展，这些现象将标志着新时代正向我们走来，世界会因此而张皇失措。而这些，都是可预见的未来。

2010年，中国登上了世界第二经济大国的位子。**2030年，中国将成为世界级大国，超过美国、日本、印度、巴西和俄罗斯。**

而在此之前，不到2020年，中国就已经成为了世界第一经济大国，登上了我们这个蓝色星球的冠军领奖台。此后，人们可能会把这一刻作为我们时代的关键转折点来载入史册，因为这一刻见证了国际力量的逆转。

造成这样的结果其背后有着复杂的因素，对于西方国家以及其他一些奉行单边政策和超宽松政策的地区而言，去工业化、短期收益、缺乏远见、新兴国家的活跃以及全球化等等因素都是需要考虑的。此外，最值得注意的一点是，我们还经历了一次历史上最严重的经济危机。

美国危机很快变成了西方危机，最后发展为全球危机……为了应对这次危机，西方国家已经负债累累。而与此同时，那些新兴国家正在崛起。

中国的反应非常及时。它利用这次危机作为杠杆，将其转变为促进发展的强大动力。中国预见到了这次危机，并果断推行新的发展政策以迅速应对这次危机。中国斥巨资发展建设各个省份和各类企业，瞄准七个顶尖的战略领域：生物技术、先进材料、环保技术、电力汽车、新一代信息技术、高档手工制品以及新型能源等领域。

仅靠这场强烈的世界金融风暴，就足以让那些新兴经济体摆脱劣势地位，借力腾飞。

到2013年，所有新兴国家的整体经济实力将超越美国。种种迹象表明，美国正在逐步走向衰退，我们将见证这一缓慢而残酷的过程。

到2030年，新兴国家的实力将超越所有其他国家。西方国家则被反超了一倍！而与此同时的中国，它的活力，它惊人的经济增长，它占有的巨大金融资源，它持续不断的改革，它的爱国主义精神，它的勇气和必胜的信念，所有这些毋庸置疑造就了它国际上的领先优势。不久以后，中国将成为世界的下一个领先者。

中国的发展可以说是日新月异。中国人很清楚这一点，他们经历了许多历史性的时刻。在经历了几十年的痛苦和屈辱之后，他们开始品尝到这长久以来梦寐以求的新的喜悦。中产阶层正在以指数速度快速发展。

尽管在不同社会阶层和不同地区依然存在着不平等，但亿万中国人的贫困和无知正在飞速消失。那些最富有的百万富翁和亿万富翁越来越多，其数量屡创世界新高。

地球难道在倒着转吗？曾经的“自行车王国”成了世界上最大的汽车市场。中国拥有惊人的外汇储备，它是世界头号金融大国。它给全世界贷款放债，实施其太空计划并开始在世界各地投资办厂……

中国人填补着美国的财政赤字，他们同时又来援助欧洲和许多其他国家……在几十年内，西方国家的跨国公司都开始向中国和世界其他地区迁移，从而使得其本国产业的就业形势和发展水平全面缩水。中国就这样成为了一个经济大国。

西方世界并非状态良好！它存在着许多弊病：去工业化、失业、出口减少、购买力降低、高额的公共债务、投机现象以及脆弱的货币等等。大约十年前，在2000年，在国际舞台上随处可见指手画脚的美国无疑是世界的老大！今天，情况已经不比往昔。这些国家已经债台高筑、赤字连篇，它们正在丧失昔日的霸权地位。

数一数我们的中国卫星，我们就能得到一个巨大的数字，代表着更巨大的人类力量和财富。散布世界的华人，代表的是多民族、商业集团、不同领域的跨国公司以及那些构建起文化、经济和金融纽带的个人的集合体。

我们有中国大陆、中国香港、中国台湾和中国澳门，但还应该加上另一个庞大的“中国势力”：在世界各地安家置业的中国人和中国企业！

这些中国人出现在很多国家和地区，如新加坡、马来西亚、印度尼西亚、缅甸、菲律宾、越南、老挝、柬埔寨、泰国、日本、文莱……这些地区被亿万中国人所影响，他们在世界上分布最为广泛，在五个大陆超过130个国家中都能找到中国人的身影。

作为未来世界上最大的地缘政治力量、经济体和金融中心，中国备受瞩目，同样招致了最恶毒的批评和对它未来的揣测。

关于货币战争，我们一直在激烈讨论！人民币是人们关注的焦点，它每天都出现在金融类报刊的头版头条。认为中国货币水平被过低评价，它成了众人批评和反对的对象。到2020年，人民币将成为国际最重要的流通货币之一。

中国的金融实力何在？它拥有世界最大的外汇储备！并且还在持续快速增长。2010年底，中国的外汇储备就达到了20870亿欧元[1]！其数额创历史新高。亚洲和中国的外汇储备分别占全球外汇储备总额的60%和30%。在四年的时间内，它们已经超出了这个范围。

在中国，对新技术、卫生、环境可持续管理和科研等领域的投资成了头等大事！2010年中国发表的科技论文数目增长了94%。专利发明和尖端技术研究在各个领域和产业中随处可见！

三年来，中国在微电子技术和许多其他领域超过了美国！中国拥有世界上最多的科研人员。

先进的尖端技术，创新产业的两位数增长目标，极合理的价格以及国际发展战略，所有这些使得中国的企业加速发展。

1 为了便于理解和比较本书中出现的不同的表格和数据，所有的数据均采用欧元，汇率按照2011年初的标准换算：€1=￥9.18，$1=￥6.56。

中国与世界研究发展领域（R&D[2]）的先驱们建立有科研合作关系。中国的国际银行和财团迅速攀升到世界资本化集团之首。上海证券交易所取代了伦敦市场，登上了证券市场的最高峰。

对于许多领域，诸如科研、媒体、运输、经济、公共工程与建筑、金融、教育以及高新技术（包括电信、机器人技术、信息技术、健康、生物经济和可再生能源）等，美国和欧洲正在失去其支配地位。

世界上运算速度最快的超级计算机在中国！谁在努力对火星进行空间探索？也是中国！

到2025年，中国将拥有10亿城市人口！这个国家将成为一个名副其实的“大型城市实验室”，中国的建筑师和全世界的建筑师争相在这里挥洒现自己的创意与才华。但中国的新型建筑将不仅仅局限于那些竞相展现其高度、气派、光辉和创意的写字楼、大厦等建筑。

住房、宾馆、高速公路、盘旋交错的立交桥、曲线优美的公路、基础设施和公共建筑……整个城市范围内的一切都在加入到一场创新与现代化的角逐当中。

中国正在投资建设一些大规模项目，但随着各城市和省份间的交流关系日益密切，既要考虑到未来城市、乡村及山区内陆土地的规划，同时又要注意社会和地域差距。我们可以在中国西部——这块飞速发展的新土地上赌一把。

中国西部大开发策略将为中国人、外国企业以及新中国面向内地发展的特区带来新的机遇。中国的中西部地区正在飞速发展，要不了多久，它们就会摆脱落后的局面。

中国打造了世界历史上最大的工程，也必将面临着新的挑战：城市化、资源、能源、废料、通货膨胀、环境、公共服务以及地区经济

2 R&D：研究和发展部门，包括基础研究、应用研究和实验研究。

等等。为此，中国实施了大规模的社会改革，以重新实现“现代化”与“更好的生活质量”二者的平衡。

在可持续发展、废物回收以及生产清洁能源等方面，中国已经准备好成为世界第一大国。它当前的目标是，到2020年至2025年间，每单位国内生产总值的二氧化碳[3]排放量要减少40%到45%。

在中国，人们非常看重生物多样性、生态、资源经济以及新型清洁能源。中国已经成为世界上太阳能发电、风能发电以及水力发电头号大国。

而中国的汽车、高铁和飞机，也正在开始征服世界。在许多领域，中国已经在世界上名列前茅：移动电话、彩色电视机、纺织业、鞋业、家用电器、计算机设备、汽车电池、陶瓷、水泥、铺路、钢铁、风能、太阳能板、电灯泡、皮革、大蒜、小麦、烟草、性玩具、新型伟哥……一切都是？“*made in China*”[4]！

如果说今天的中国尚未占领所有领域（如制药、农产品食品加工、娱乐、奢侈品等等），它很快就会在众多领域里独树一帜：造船业、汽车业、公共工程与建筑、高新技术、金融和保险业、清洁能源、运输、石油公司、信息技术、电信、网络等等。目前，它的定位是要在2020年之前夺取这些领域的主导地位。

从中国的切献花公司到摩托车，中国不乏财政实力，也不缺少对其未来实力的憧憬，更不缺少对其财富和资源的开发。中国占有地球上97%的稀土资源。

这是一笔真正的财富！几乎称得上是垄断。当中国还在进口自然资源和能源时，它掌控有一类被称作“稀土”的金属，其占有量全球第一。在高科技生产领域，这类稀有的珍贵金属有着不可替代的

3　也称作“二氧化碳气体”或CO_2 。这种气体在大气中天然存在，但是其含量的激增可能是目前导致气候反常的因素之一。

4　“中国制造”，在中国生产制造的产品使用的标示以及流行的叫法。

地位。

中国人生活条件的改善从何体现呢？中国人正在追回逝去的时间，他们在创造未来的中国。历史已经翻开了新的一页！中国人已经开始迸发出消费与享受的激情！拥有一辆汽车或者一件奢华的饰品现在已经成为高贵的象征。

在各个领域，高档商品和奢侈品随处可见：化妆品、时尚配饰、时髦的iPhone、名牌手表、名酒、名车、国际旅游等等。与此同时，全国的电子商务[5]呈爆炸式发展，吸引了世界上最大的企业和集团前来投资！所有这些都要归功于飞速发展的消费水平和亿万的网民！

20年后的中国与世界会发生什么？中国的发展强盛与新的国际地位将赋予它更大的影响力。中央帝国将作为一个重要角色，参加到所有直接或间接触及国际利益的问题中来。

中国将在2020年之前登上世界第一的宝座，此后它依然会持续发展，直到2030年，中国将有史以来第一次成为一个庞然大国。真是难以置信！

对中国这样一个充满经济幻想的国家而言，存在着双重挑战：在成功应对现代化挑战的同时，还要在这个全新的世界，承担起引领诸多强国的国际领头羊角色。当然，中国学得很快！

2030年，深刻的变革将等待着我们。对于中国而言，对于西方国家和其他国家而言，对于重大的国际问题而言，明天又是怎样一幅图景？我们之间的相互关系又会发生怎样的变化？明天的世界，大家都是中国人？或者都是这个孤独星球上的一员？

我们预见到了真正的革命和重大的变化：气候变化、人口激增、地缘政治动荡和社会动乱、食品骚乱、全球性地缘政治变化（*尤其是在北非等地*）、宗教冲突、能源危机、技术突飞猛进、卫生领域发展

5 电子商务：在互联网上进行的买、卖等商业活动。

惊人（如人类的平均寿命）……

我们将要开启一个新的世界，在这里，环境、科技和人类相互依存。而这个时代也必将不乏冲突、风险和危机！

与此同时，我们也将见证出现在各个领域的惊人的发展、进步和创新，它们必将在很大程度上弥补这个时代的危机。我们必须已经预料到，这或许是我们共同的命运，因为只有这样我们才能更好地理解未来。

致中国读者

这是我第一次向中国的读者朋友介绍我自己，我感到荣幸之至。能在这里向你们介绍我的主要著作，我同样激动万分！《二十年后，中国和世界》是我近期的第三部主要作品，已经在法国及欧洲其他国家出版发行，在此为中国朋友们奉上其中文译本。

借这个机会，我由衷地感谢那些我所热爱和珍视的人们，由衷地感谢我所熟知的和与我共过事的人们，无论你们在中国、在亚洲其他国家，还是在法国、在欧洲其他国家，请接受我诚挚的谢意。请恕我无法一一列举，但我首先想到的是我的父母、家人、朋友以及同事。

还要感谢所有在中国接待过我的中国政府、出版社、大学教授、研究员、记者、企业领导、学生、干部、职工、农民等等，感谢所有中国人民。感谢你们在我多次造访中国时给予的热情接待，我们所共同度过的美好时光、那些互帮互助的岁月以及成果丰硕的交流都令我十分难忘。

我非常喜爱中国，她已经成为我旅途的重要伴侣之一，也是我的第二个家。对于中国，我保留着许多最美好的回忆。如果要问我为何对中国如此着迷，我会说，是她那美丽的风景、多样的文化、积极的活力、开拓的勇气以及中国人民对生活的喜爱和热情吸引着我，让我流连忘返。

在过去的十二年里，我每年定期来中国旅行，拜访中国各个省份的上百个城市和乡镇，从北到南，从中原到沿海。经过这么多次旅行，有一件事是毋庸置疑的：我爱这个美丽的国家和她的人民。每当我结束旅行回到法国，我总会想念中国。我为与她结缘而感到自豪。

请允许我简单做一下自我介绍：我生于1951年的圣诞日，也就是在中华人民共和国诞生两年之后。我在法国克利希市的一个小城镇长大，距离法国首都巴黎15公里远。当时，那是一个有着森林和湖泊的美丽村庄。在一幢父母那时刚买的房子里，我和我的家人们——母亲珍妮，父亲莫里斯，三个哥哥马塞尔、勒内和让·雅克以及妹妹莫德，过着简朴而幸福的生活。

在我7岁到10岁的童年时期，我们一家人经常围坐在客厅的火炉旁。父亲在铁路部门工作，是一名机械师。他喜欢给我讲故事，关于世界、法国和中国……当谈到中国和美国，他总会说一些令人惊讶而又有趣的事："走着瞧吧，中国将会成为一个世界强国"，"美利坚帝国终将走向衰落，甚至会在国内出现暴乱和革命"。

我总是津津有味地听父亲讲这些故事，也同样专注地观察着这个不断变化的世界。从很小的时候开始，我就对世界很感兴趣，并从人文主义的视角关注着它的演变。我一直相信，我今后的职业将与国际关系紧密相连。我想象着自己走遍世界，投身于世界人民的和平事业。也就是在这之后不久，我顺利完成了大学教育，并取得了地缘政治学博士文凭，我的梦想得以实现。作为一个年轻人，我必须在工作的同时不断学习，以实现我长久以来的心愿。

正是得益于我在社会学、国际经济学和地缘政治学等方面的学习，我才得以达成我的目标：公正地审视我们的时代、教书、写作、做研究以及参加国际研讨会。我很幸运能来到巴黎第八大学，遇到伟大的伊夫·拉科斯特教授，是他给了我信心。他建议我首先研究国际关系，然后再研究法国和世界的中国侨民史。

而后，我的热情已经完全超越了我的人文地理学和地缘政治学博士论文的题目。我希望拓宽我的国际视野。于是，在2000年8月，我和我最好的朋友让·克劳德·普恰雷利一同踏上了我的首次中国之旅。对中国的第一印象至今记忆犹新：北京和上海的街道上“热浪滚滚”，一切都那么陌生，那么不同！对我们而言，这是一个新的世界……但我们信心十足。我们没有丝毫不安和焦虑，感觉就像到了朋友家里一样，处在一个大家庭里。

自此，我的中国之行从未停止过。我每年都会来中国两到四次。从我第一次造访中国开始，我就察觉到了我亲眼所见的中国和多数西方媒体口中的中国之间的鸿沟。

这些中国之行激励着我去传播我的理论和观点，激励着我不断拓宽自己的工作领域，还激励着我撰写更多著作来改变西方和法国对中国的看法。作为欧盟的专家，我完成了在中国的使命：推荐中国加入世贸组织，以及增进中欧关系。

一个人作战并不容易！你必须与先入为主的偏见、与谎言、与不断重复的错误论断作斗争。无论是对于最高的权利阶层，还是普通的民众阶层，我的观点在西方舆论中均不被人所接受。于是，在我的作品被人们熟知之后，我无数次通过报纸、广播和电视节目来表达我的观点：要以一种更公正、更坦诚的态度来审视中国和这个世界。尤其是在2008年盛大的北京奥运会期间。这一盛事正是新中国成功的标志之一。

最近，我希望写一本更全面的著作，以更好地介绍“中国和世界”。我希望从社会展望学的角度，对从现在到2031年的中国和它与世界的关系做一个透视。也就是要以现有的资料为依托，将其合理地延展开来，以更好地阐释现今发生的重大事件以及预测今后可能出现的新的地缘政治平衡。

进行地缘政治学研究的确需要有十分开放的思想和态度，但要做好地缘政治分析，同样需要具备严谨的科学态度和多学科知识储备。为了站在一个公正的视角来做地缘政治分析，我们的工作就像是在做一项大型的调研！我们必须考虑到诸多现有学科：不了解一个国家的历史、地理、人口和风俗，对这个国家的研究就无从谈起。同样的，我们还必将涉及到贸易、金融、法律、社会学、国际冲突、观念碰撞、媒体、社会舆论甚至心理学等多方面的问题。

正是这种对某一主题的全面审视使其具有公正性。也就是说，不是要做出短浅的预见，而是要把握一个国家的来龙去脉，观察其前进的方向。

因此，我非常自豪地向您介绍这部作品，愿其成为对二十年后的中国和世界的展望。

祝您阅读愉快！

皮埃尔·皮卡尔博士

2011年12月5日，于阳朔

第一章

新中国的崛起

一　基础设施和交通

中国的发展伴随着持续快速的经济增长，同时也面临着挑战。中国的崛起以及国际地位的显著提升意味着要在全国范围内继续推进发展。于是，为了应对未来所面临的挑战，中国正在着手实施一些惊人的计划。

从更广泛的目标来看，也就是要在领土规划政策方面赶超发达国家、支持宜居城市的发展以及推广高效环保的交通。

到2012年，中国将在高速公路的总长度上超过美国。

世界上最大的高速公路网

中国计划在2020年之前建成一个总长度达85000公里的巨大高速公路网。它将连通所有人口超过20万的大城市，并且该高速公路网计划在2030年达到120000公里，在2050年达到1750000公里！为了实现这一目标，中国在交通和高速公路领域的年投资总额将达到1220亿欧元。

超过99%的中国乡镇和村庄都通有公路。在2010年初，中国已经以65065公里的高速公路网总长度位列世界第二，居美国之后。

到2015年，一个总长40000公里的高速铁路网将连通所有人口数超过50万的大城市。

尽管中国已经在交通运输方面做出了巨大进步，但其基础设施数量仍然不足。主要涉及一些交通条件最差却又蓬勃发展的地区。未来五年将重点解决这方面问题。

对中国而言，这是个关键时期。在这片相当受地形限制的广袤领土上，绝大部分交通网是在1949年新中国成立之初建成的。而后，从

20世纪80年代初开始，30年来，中国一直在加快投资！

中国在创造未来的交通

现在，中国的大多数城市都拥有机场，有些是国际机场，而这些机场是由多家航空公司来管理连通的。铁路（包括高速铁路）则连通了中国所有的省份，包括那些条件最差的或者离北京或上海很远的省份。

公共交通工具正在飞速发展。汽车数量在中国所有城市呈爆炸式增长。在多项改革创新的推动下，航空领域和所有的地面基础设施也将呈现同样的发展态势。

中国要考虑到未来城镇、乡村和山区的土地规划，考虑到社会和领土发展的不均衡以及城市间与省份间的连通等问题。这是整个计划！

考虑到经常旅行的中国人——在国内、在亚洲以及整个世界，其出行需求是巨大的。为了满足不断增长的需求，巨额的资金被投入到基础设施建设和大胆创新的项目中去。

二　大规模工程项目

在中国有多种交通方式：航空、私人飞机、高速公路、出租车、公共汽车、电车、地铁、传统铁路、高铁、城际高铁、船运、渡轮等等。

尽管个人和公共交通工具数量已经日趋饱和，但人们的出行还是变得越来越方便了，出行方式也非常多元化。它们被用于满足各种贸易和出行需求。

2011年，中国拥有3300公里长的高铁线路，加上86000公里长的传统铁路线，其铁路网总长度位居世界第一！2009年，火车客运量达到15亿人次，有30亿吨的货物是通过铁路来运输的。

高铁技术让中国马力十足，在它长长的铁轨上奔驰着时速超过481公里的列车。技术难题与以别国的技术成就并没有吓到中国！

世界也因此开始转向中国的铁路市场，在这里寻找新的机遇，而中国也从此创造出了自己独有的铁路模式。

跻身世界强国“第一方阵”的中国，在其经济增长的刺激作用下，也想找到一片“自己的天空”！

于是，中国决定结束波音和空客“面对面”的局面，除了那些给西方国家的订单之外，中国目前开发出了新的中、远途客机机型。它甚至为空客A320和波音737准备好了它们未来的竞争对手，并将在上海制造。

接连不断的成就使交通运输显得更为重要

横跨渭河的渭南高架桥长达79公里。连接上海和洋山诸岛的东海大桥长达32.5公里，其中有26公里横跨东海。世界上最大的深水港区——洋山港区，坐落在这些岛屿上。中国西北部的乌鞘岭隧道的长度则超过了21公里。

我们无法一一详尽列举，就拿杭州湾跨海大桥为例，这座世界上最大的跨海大桥拥有36公里的悬空轨道，加上它雄伟的侧支索，无疑是建筑奇迹。这座桥全长100公里，有六条高速公路。上海到宁波的用时从六到八小时减少到两个半小时。车辆可以借助大桥从此岸直通到彼岸，来往于上海和宁波。

另一个项目是把所有的省会城市、郊区人口超过20万的城镇，与全国各地连通起来。此外，那些偏远地区和欠发达地区并没有被遗忘！比如说，西藏的第一条高速公路已经于2011年建成通车，这是一条连接拉萨和贡嘎国际机场的四道高速公路。

对于这些新的大胆的成就和工程而言，中国第一条高速公路已经算不了什么了！它于1993年建成，长达270公里，连通北京和工业省份河北省的省会石家庄。

然而，这项在道路基础设施方面全方位的投资政策，并没能杜绝城市里频频发生的交通拥堵现象……

汽车对公路的“食欲”还在不断增长。汽车数量的激增、中国的汽车热潮以及中国停车场的演变就足以说明这一点！

三　汽车工业的乐土

汽车浪潮开始席卷中国。在这个竞争激烈蓬勃发展的领域，中国具有世界性的影响力。2010年，中国超过了它往日的劲敌日本，以1380万的全球汽车产量位居世界首位。

世界第一！在中国，有超过6000家企业被吸引到未来的汽车领域中来。全球最重要的50家汽车制造商中有20家都是中国的。

从2000年至今的十年间，中国每年生产565000辆汽车（与波兰持平）。得益于迅猛的经济增长和不断增加的中产阶层的需求，中国的工业机器已经在超高速运转。

自从中国2001年加入世贸组织[1]以后，汽车产业开始飞速发展。随后在2006年，中国超过了美国！自此，国际品牌和中国品牌之间的协定和合资企业（joint-venture[2]）不断增多。

1　2001年11月10日，在卡塔尔多哈世界贸易组织第四次会议上，通过了中国加入世贸组织的决定。经过了5年的努力，中国成为了世贸组织的一员，这同时意味着中国政府和中国企业将面临新的挑战，要在技术和管理上都上一个台阶。

2　Joint-venture：英文，指合资或合营企业

中国：汽车界新的乐土

大城市的主干道上飞奔着脚踏车的时代已经离我们远去了，那是十年前的中国。

在一场速度的角逐中——与数十个国内品牌以及竞争对手丰田相比，汽车制造商比亚迪（BYD：Build Your Dreams[3]）位居第24名，它希望在2015年成为汽车制造业的世界第一。

在上海，这个远离美国密歇根州、距离其诞生地底特律数千公里之遥的城市里，通用汽车公司像一只凤凰从灰烬里重生。这个美国集团现在成了一只名副其实的中国老虎!

看到中国这个巨大而有潜力的市场，那些亚洲的著名汽车品牌肯定会露出微笑。对中国而言，这仅仅是刚刚开始。因为在这个竞争激烈的市场中，中国消费者的巨大胃口还在不断增长。

有人要问：中国市场的规模究竟会有多大呢？那简直是无可估量的：目前中国14亿人口中有20%尚未满15岁……

快速增长的中国汽车市场

无论是在生产领域还是在销售领域，中国的汽车产业都将呈爆炸式发展。到2020年，中国将表现出印度潜力的3倍、德国潜力的20倍。中国的汽车制造商正在加紧发展壮大，比如中国汽车品牌“长城”，再比如中国产的雪弗兰和奔驰。

如今，在中国有近100家汽车制造商。中产阶层的壮大加速了中国品牌市场的扩大。而目前，仅仅3%的中国人拥有汽车!

3 英文，字面意思：打造你的梦想

该领域两位数的增长预测令人吃惊。制造商通过拓宽销售范围，来更进一步增加其销量（2010年增长33%）。

在北京，每天都会有2000辆新车上路行驶！中国的首都有着世界上最糟糕的交通，到处都是堵车。当然，北京也采取了一些限制性措施。但是面对不断增长的市场，这些措施无疑收效甚微。

2011年，北京实施了“每月车牌摇号”政策。通过电视和网络转播，最新的抽奖诞生了17600个获奖者……这是为了试图将这个城市每年新增的汽车数量限制在240000辆以内！

在中国，对于私家车而言，这只是热情的开始。中国人对于高档轿车或者豪华轿车的喜爱，显露出他们对进入繁荣社会的渴望。例如，戴姆勒公司以超过15万欧元的价格成功卖出了它的奔驰S级轿车，这个价格比在美国和欧洲的价格都要贵。

奔驰S级轿车月销量1600辆！2009年9月，中国成了这个公司全球最大的市场。目前，作为一种大众消费现象，所有品牌和型号的需求都在增加，这都得益于中国的经济增长。

如何规范日益拥挤的交通

中国将停止对购买汽车的税收优惠政策。通过限制汽车数量来减少城市交通堵塞。北京将把限制汽车流量的政策期限延期两年。它需要一个合理的计划，来控制所有的道路交通。

刘岱宗[4]认为，应该控制新增加的汽车数量。然而效果却完全相反！这些试图减缓汽车数量增速的限制措施，反而导致了购买数量的增多。这一单一政策将无法让北京的交通变得畅通。这个城市需要更

4 刘岱宗，中国可持续发展交通运输中心顾问。

有效的对策！

所有的中国城市都面临这个问题。北京市民很清楚这一点！在某些时段，如果你想准时到达目的地，就必须提前很早出门。因为经验告诉我们，突发的堵车现象比比皆是，已经不足为奇。

在中国的十五个大城市里，交通不畅的问题每天要造成1.1亿欧元的损失。而随着汽车销量的持续增长，这一问题也在加剧。在上海，车牌的价格就已经超过了4000欧元！2009年，中国已成为世界上第一大汽车市场。而与2009年相比，2010年又有很大增长，涨幅达到32%。正如下表所示，2010年，中国的汽车产量和销量分别创下了1826万和1806万的新的世界纪录。此外，由于汽车需求非常旺盛，汽车的产销比几乎接近100%[5]。

中国2010年汽车产量与销量统计表

	产量		销量	
	单位：百万辆	增长	单位：百万辆	增长
总计	18.26	32.44%	18.06	32.37%
客运车辆	13.89	33.83%	13.75	33.17%
私家车	9.57	28.17%	9.49	27.05%
多功能车（MPV[a]）	0.45	79.89%	0.44	78.92%
运动型多用途车（SUV[b]）	1.33	103.38%	1.32	101.27%
交叉型乘用车	2.33	26.36%	2.49	27.77%
商用车	4.36	28.19%	4.30	29.90%
公共汽车	0.35	29.93%	0.35	31.30%
卡车	2.85	22.72%	2.83	25.83%
半挂车	0.36	74.11%	0.35	67.98%
半成品公共汽车	0.08	8.07%	0.08	4.93%
半成品卡车	0.70	36.6%	0.67	35.53%

5 来源：中国信息工业协会，法国企业国际发展局/ME上海－2011年1月，网址www.grenobleecobiz.biz。

a MPV："Multi Purpose Vehicle"的英文缩写，即多功能车。

b SUV："Sport Utility Vehicle"的英文缩写，即运动型多用途车。

非常幸运的是，中国的制造商们开始了一场新的竞争：电力汽车。

中国和中国的汽车制造商们知道，在接下来的几年里，他们有机会击败美国、德国、法国和日本等竞争对手。电力汽车将占有800亿到1750亿欧元的中国市场！电力汽车将在整个中国汽车市场的占有率中达到20%到30%。

为了巩固在电力汽车领域的世界领先地位，中国将利用其劳动力密集、尖端技术以及持续增长的汽车市场等优势，来发展规模经济。

中国将成为电力汽车产业的排头兵。中国政府限制石油的进口，并支持环保。也就是说要从昂贵的技术向成本效益过渡，并将被广泛推广。

中国人，像其他国家的人民一样，也渴望拥有个人财产，渴望拥有一辆或者多辆汽车！根据福布斯杂志统计，7400万中国家庭梦想拥有一辆汽车。

在上一个中国汽车工业的五年计划（2006—2010）中，中国预计其汽车市场到2020年才能超过美国。而这在2009年已经成为现实！

超出之前的预期，中国成为世界第一大汽车市场，遥遥领先于美国。如果中国在该领域达到领先位置，那么它也将成为全球汽车生产的领头羊。

这些所生产的汽车将被本国的国内市场所消化。所以不必惊讶中国的汽车品牌在别的国家并不出名。这只是现状！

中国企业的调整将把中国带向清洁型汽车领域的领先位置。

在不久的将来，中国品牌将出口到西方国家。它们将占据相当大一部分世界市场。

到2030年，中国将拥有可观的汽车总量，在该领域起着重要作用。中国的汽车制造商将逐渐展现出它们的想象力！新的技术概念和大胆的审美线条，使得中国的创新活灵活现。

中国提升了整个行业的利润，成为国际汽车市场的主导力量。无论是汽车、能源、原材料还是金融领域，为数众多的中国企业将继续在中国和西方发展壮大。

四　大胆的铁路项目

在1950年之前，铁路运输是中国最主要的运输方式。当时，在中国有21800公里的传统铁路线。

然后，在2009年，中国的铁路网拓展到了86000公里，并且还在不断增长。而这些基础设施的配比则因地区而异。我们可以明显看出中国西部与东部地区的差异，西部地区的铁路线要更少，东部地区则更加完善。而这一差距将很快得到弥补！

技术挑战！2007年，世界上最高的铁路——青藏铁路建成通车。这条铁路线的建成，使得至今为止所有的技术成就黯然失色！

这条铁路明显打通了中国西部地区与外界的交流屏障，刺激了这里的经济、社会发展。该铁路线全长1956公里……它连接了青海省的省会西宁和西藏自治区的首府拉萨。

在这里，一切都跑得飞快

农业、畜牧业、旅游业、藏药、医药业以及高原绿色恢复等领域在以极快的速度发展着！这些领域正在形成支撑西藏经济[6]快速发展的支点，使之目前保持年增长率10%左右。

6　自从2000年实施西部大开发战略以来，藏族人民的生活水平明显有所改善。据统计，藏区牧民和农民的年人均净收入由1999年的1258元人民币（140欧元），提高到2009年的3589元人民币（401欧元）。对于城镇人口而言，其人均收入则由5998元（630欧元）提高到13544元（1514欧元）。

在土地利用总体规划方面，中国用五年时间就实现了发达国家花了几十年才完成的目标，尤其是在高铁领域。

中国诸多国家级工程项目之一：到2020年，建成一个总长度达100000公里的巨大铁路网！2010年1月1日，已经拥有了全长3300公里的世界第一大高铁线路网。

中国的高铁网以其惊人的发展速度吸引了全世界的眼球！当然，中国很早就开始着手这方面的技术研究。但是直到2004年，只有法国、日本和德国是公认的高铁强国。

中国的第一条高铁——京津线，于2008年建成。有了它，往返于这两大直辖市仅需30分钟。从2008年到2009年，别的高铁线路相继出现，如广州—武汉线，列车在968公里的铁路上以309到350公里的时速疾驰。

中国显露出它在高铁网络建设上新的雄心。例如，继最近建成新的上海—南京线之后，最难建设的宜昌—万州高铁线已经向公众开放。这条设计大胆的铁路，利用多达253座桥和159条隧道，穿过了中国西南部的陡峭山岭！从重庆到武汉乘火车需要22小时，而这条铁路线的建成，将时间缩短到了5个小时。需要指出的是，中国的高铁一向准点！

众多工程师和工人花了7年时间来建造这条长377公里的铁路。这条铁路的一部分则是中国铁路中最昂贵的一段！每公里造价达6000万欧元！这条铁路在山岭上蜿蜒而行，一直延伸到云贵高原。

2009年到2020年中国传统铁路工程计划

2009年	普通铁路线	86000公里
2020年	普通铁路线	100000公里

新建成的铁路线给中国带来了根本性变化，也给中国人民的日常生活——无论是日常交通、旅游还是季节性出行——都带来了便利。

对于所有的企业、家庭和个人，无疑都是有好处的。这些铁路使得地区间的交流、商品的运输以及个人的出行都变得更加便利，也带来了经济增长。

高速铁路改变了中国

高铁测试正在加速进行！2011年，中国铁道部预计要在北京至上海的铁路线实验区进行时速500公里的实验。

今天，中国拥有世界上最长的高铁线，并且速度还在不断提升。这是世界上最大的正在建设中的铁路线实验地！

中国的高铁线目前以一年的时间从3300公里增长到7531公里。已经是世界上总长度最长的高铁线了！到2012年，其总长度将达到13000公里。中国的伟大目标是，到2015年，高铁线总长达到40000公里！

中国2010年到2015年高铁计划

2010	高铁线路	3300公里
2011	高铁线路	7531公里
2012	高铁线路	13000公里
2015	高铁线路	40000公里

中国拥有世界上总长度最长的高铁线路网，而它又有更惊人的高铁网扩张计划。到2012年的总投资额将达到900亿欧元，而到2020年，这一数字将增长到2200亿！

我们以一个新的创举为例——北京—上海线投入运行的新一代高速列车。如今，旅客们从北京出发，花不到8个小时的时间就可以到达全国大部分省会城市，而北京至上海的路程则由原来的10小时缩短到了现在的4到5个小时。

这条长达1318公里的高铁线总造价为244亿欧元。近135000名工人从2008年就开始日以继夜地修建这条铁路。它连接了七个省份以及东海岸的城市。在这片位于中国东部沿海的富裕地区，居住着中国四分之一的人口！这一地区创造了国内生产总值的40%。这条铁路线有24站，其中有五个大站：北京站、天津站、济南站、南京站和上海站。

中国人又打破了一项新的高铁世界纪录！在一次从杭州到上海的试运行中，这列被称作“和谐号”的中国新一代高速列车跑出了416.6公里的时速。

高速列车改变了中国人的生活：可以按时到家庆祝传统节日，能够更好地计划行程和假期等等。多亏了尖端的高铁技术，城市间的时空距离被顷刻缩短了。

高速列车的发展同样改变了人们对经济和人文地理的感知！到达那些接近省会的城市将花费一到两个小时，而对于郊区而言，只需要半个小时到一个小时。

高铁网络由四条东西向的铁路线和四条南北向的铁路线交织而成，它将缩短三个地区的时空距离：珠江三角洲、长江三角洲和环渤海盆地。

这样，通过与加快城市化计划相结合，高铁网把东北的老工业中心、中原城市以及关中平原的城镇凝聚起来。这些经济地区的影响力将得到加强。

全国各部分地区将享受更公平的待遇，所有的中国人都可以出门旅游，共享未来的经济繁荣。中国高速列车的发展是中国由劳动密集型产业转向尖端技术产业的一个代表。

中国的高速铁路和高速列车将成为它新的出口产品！

五　中国铁路的出口

综合多个国家高速列车的特点，中国开发出独有的高铁技术，在国际市场上将具有较强的竞争力。

中国的高铁进军世界市场

中国已经与俄罗斯、美国、巴西、委内瑞拉以及沙特阿拉伯等国家在铁路建设方面有合作项目。中国在与亚洲、欧洲甚至整个美洲合作!

如今，中国已经向五十多个国家出口机车、零件和电动钢轨了！中国将签订大量与高铁轨道修建方面的合同。

专门修建高铁或高速列车的中国公司开始了内部的角逐。中国南车股份有限公司和中国北车集团在2010年获得了许多国外合同，总额达到17亿欧元。

还有两个中国出口高铁的例子：通过吉达连接麦加和麦地那的沙特哈拉曼二期工程，以及未来坦帕奥兰多、美国佛罗里达州等地区的高铁项目。

生机盎然的中国贸易

就像中国的建筑和公共工程那样，中国的贸易也无处不在！这些东奔西走的中介机构隶属于各大中国公司，如中国南车股份有限公司、中国铁建股份有限公司、北京铁路局和中国北车集团等。

尽管中国的新兴技术不断涌现，但在技术转让方面，中国仍然饱受竞争对手抄袭的指责。高铁和高速列车也不例外。当有人说这是抄袭时，中国人回应道，他们固然从新技术中获利，但这些新技术是他们自主研发的专利。

最终，面对这个新的竞争对手，西方铁路工业将感到难以适应。

“到2050年，我们的技术可以让火车跑到时速500公里！”

一位名叫张水光的负责人如是说，他是前中国铁道部副总工程师。据他介绍，他们的高速列车有希望达到惊人的速度！北京交通大学校长宁斌先生说：“在未来的五十年里，随着材料科学、非接触式能源供应技术以及轨道技术的发展，列车时速有可能增加150公里，提高到一个新的档次。”

要实现这一重大技术突破，还需要考虑到环境、能源效率和维护成本等因素。在这方面，其他的专家则表现得比较谨慎。

中国能在高速列车铁路建设方面迅速跻身世界前列，主要归功于它成功的引进、消化和吸收战略。

这个新的“中国制造”品牌，是否能赢得创新、高科技、高质量的口碑呢?

当然，这一出口产业要求高质量的劳动力、高密度的技术和资金。中国的高速列车使得“中国制造”这一品牌变得更有分量。

六　中国的飞机征服世界

2009年，中国的航空客运量达到2.3亿人次，货运量达到446万吨。在2010年前两个月内，货运量几乎翻了一番，达到了经济危机前的货运水平！

中国比以往的任何时候都需要飞机。无论是在机场改造、设备购买方面，还是在飞机制造和出口方面，中国都准备大量投资。

中国航空公司和中国民航总局（CAAC）计划：

- **到2020年，年客运量达到7亿人次；**
- **到2030年，15亿人次！**

例如，在这样的趋势下，从2011年起，中国诸多航空公司中的一家——山东航空公司，计划购买15架波音737-800，以满足日益增长的中国市场。该航空公司声称在购买波音737-800时享有折扣，其正常售价约为每架5500万到5800万欧元。

这些总价值8.8亿欧元的飞机将在2015年之前投入使用。山东航空公司预计在2010年盈利6600万到8000万欧元，同比增长96%到135%。

中国众多的航空公司将购买越来越多的飞机，以满足不断增长的国内市场需求，既包括客运也包括货运，既有国内航线也有国际航线。中国的飞机制造商竞相购买和出口他们自己的飞机！

中国的航空财团们将在第13届北京国际航展上首次展示他们的飞机！这些飞机是由中国多家航空公司制造的。如中国商用飞机有限责任公司和它的未来宽体C919客机，以及子公司中航（中国航空工业第一集团公司）等。

中国首家使用大型客机的航空公司是中国民航。它的职责是研究、开发、制造以及销售中国的宽体商用飞机。

中航是中国首家航空制造公司一个重要的子公司，它要回归深圳证券市场。它将向西安飞机国际航空制造股份有限公司注资8.95亿欧元。中航的业务包括大中型客机的设计、制造、销售及相关售后服务。

作为空客公司和波音公司的竞争对手，中国商用飞机有限公司宣布收到了100张对其单过道客机的订单，分别来自中国的四家航空公司和两家租赁公司。

所有这些，给国内航空市场在国际竞争和亚洲局部竞争中带来了转折。在未来的20年里，国内市场将达到3.3亿欧元的市值。

中国未来C919式飞机的大量订单

这一拥有160个座位的机型预计在2016年推出。它将服务于四大中国航空公司：中国国际航空公司、中国东方航空公司、中国南方航空公司和海南航空公司，另外还有美国通用金融航空服务租赁公司以及中国另一家租赁公司。

其他的订单将来自亚洲。C919是波音737和空客A320的潜在竞争对手，尤其是在中国国内市场中，目前是两大西方民用航空巨头在这里称霸。飞机制造商将走出中国，到2030年，C919的销量将达到2000架。另一方面，由中国设计制造的新一代支线客机新舟600被送到了位于四川广汉的中国民用航空飞行学院。这一机型是由西安国际航空股份有限公司开发的，该公司隶属于中国航空工业集团公司。

西安国际航空股份有限公司经理姜建军介绍说："这一配备有涡轮螺旋桨的机型是新舟60的改进机型，可容纳50到60名旅客。新舟600拥有更舒适的客舱以及设计更优化的机身结构。"

新舟600的最远航行距离达到2600公里，可以保证在岛屿之间营运。与其他机型相比，它要节省三分之一的燃料！该公司已经接到十多份订单，其中有两份来自老挝政府。

航空及其基础设施的重建计划

为应对经济和金融危机，中国实施经济刺激计划，迅速采取措施，投入数千亿欧元。其目的何在？就是为了刺激投资和消费。

在这样的背景下，中国的航空产业及其基础设施也没有被遗漏！中国在2009年修建、改造了22个机场。中国还在25个机场的各种扩建项目中注入了100亿欧元的资金。

在国外厂商方面，像达索猎鹰集团这样的联盟相继出现：2010年12月14日，达索猎鹰的一家销售市场公司在北京正式开张。5年内，达索公务机的数量会在中国大幅上涨。此外，达索航空目前正在与中国航空集团谈判，想要在这里建立一条组装线，就像与空客公司合作一样。通过与中航合作，法国制造商可以加入到中国公务机的设计中来，或者建立一条组装线。

空客公司加强伙伴合作

这家公司在天津开办了它在中国的第一家物流中心，与当地政府签署了协定。该中心是其供应链的枢纽，同时也协调着运往和运出中国的飞机部件的运输。空客公司在中国有六个组件供应商。

天津地区隐藏有欧洲之外的第一条A320组装线，这条组装线的公开将鼓励中国和外国的航空公司向天津转移。

空客公司是最大的飞机制造商之一，预计其在中国采购市场的份额将在2015年达到3.3亿欧元。所有的飞机制造商都将加入到中国和国际市场的竞争中。

在航空领域，中国目前首先要考虑的问题是：创新、研发新技术、生产产业化、市场营销、售后服务和融资等，例如加大工程师人才的投入。

与法国赛峰集团签订的协议中包括了C919 [7]发动机的供应，这是千载难逢的机遇！在未来的30年里，这些合同能为法国制造出近1万个工作岗位，创造110亿欧元的利润；而对于那些分包商而言，这些数字会增长4倍。

7　C919预计于2016年投入使用，将配备由CFM公司制造的最新发动机“Leap X”，该型号尚处于研发阶段。CFM是赛峰集团和GE公司的合资企业，主要生产飞机发动机。该公司同样也生产机舱。

航空市场前景是广阔的，在中国和世界范围内都在不断发展着。对于这个充满活力的产业，中国必须在利基市场中占有“一片天空”，而且要有竞争力。除了他们的先进技术以外，中国的另一张王牌就是其广袤的领土。这是巨大的市场！

2011到2015年：敞开的中国天空

中国的第十二个五年计划（2011—2015）将打开中国的航空市场。诸如欧洲直升机公司、泰利斯公司以及达索航空公司这样的制造商都要在中国这一新的改革时期赌一把！这一开放性举措将给私人飞机和直升机领域带来巨大飞跃。

中国市场的第一大公司——欧洲宇航[8]的子公司正在开发未来的市场。对私人飞机而言，潜力也是巨大的。二级机场和直升机机场都将赶上这次难得的机遇！

到2030年，中国预计将拥有成千上万架飞机。为了满足不断变化的需求，在未来20年内，中国需要增加至少3000架飞机。

毫无疑问，在航空领域的全球合作就如同该领域的国际竞争一样，将愈演愈烈！美国、欧洲和日本的制造商将面临竞争。

中国制造商的出现以及新机型的推出将改变航空业的局面。

七　未来的海上力量

中国的海洋事业和航海传统充满传奇色彩。中国东部和南部的港

8　欧洲宇航防务集团，空客公司是该集团旗下的子公司。

口、海洋、河流、最美最大的湖泊以及绵长的航道，长期以来一直是运送人、货物、原材料以及建筑材料的重要交通路径。

中国拥有辽阔的海域，超过18000公里的大陆海岸线，超过14000公里的岛屿海岸线以及多达5000个岛屿。

青海湖（青色的“海”）是中国最大、海拔最高的湖泊，位于青海省境内。青海湖海拔3205米，面积大小随季节而变化，在4635平方公里到5694平方公里之间，周长360公里。

目标：拓展海上活动

加强海上活动对中国的发展是非常必要的，在这一点上，通常的导航至关重要！无论是沿着漫长的海岸线行驶，或者沿着别的航线驶向亚洲和全世界，还是在岛上做短途旅行、国内各流域[9]间的交通或者其他活动，需求都是永无止境的。

人们可以很轻易看到很多商船、客船和军用船只穿梭、漂浮在中国水域或中国以外的水域上，如：油轮、超级油轮、货船、游船、驳船、拖船、渡船、渔船、气垫船、快艇、游艇等等各类船只。

中国海军的历史相当悠久。例如，早在1405年7月，海军上将郑和带领着一支超过200艘船只的舰队[10]，开始了有史以来最大的一次远征。在28年的时间里，郑和七次下西洋，访问了37个国家，从东南亚一直到非洲和阿拉伯，穿越了半个世界，也许还到过美洲[11]，创下了

9 中国拥有5000条河流，其中1500条拥有超过1000平方公里的流域面积。中国的河道网总长度达到220000公里，其中95000公里用于航运。总流量与欧洲持平，达到27000亿立方米。

10 郑和舰队的母舰，长140米，宽50米，可载500人。舰队共载27870人：海军、行政官员、翻译、士兵、手工业者、医生以及气象学家。舰队拥有200多艘船只，其中62艘是主船，还包括住宿船、战船以及一艘服务船。他们还运送了大量的丝绸、瓷器、金器、银器、铜器、铁具以及棉花。

11 哥伦比亚孟席斯的一篇论断认为，一支船队绕过了非洲大陆南端，抵达大西洋，直到加勒比海；另一只船队穿过了麦哲伦海峡，去探索美洲西海岸；第三只船队则航行在南极水域。澳大利亚海岸也曾经被触及……

史诗般的壮举！

当时，在世界各地的海面上已经航行着更多的中国船只。中国可以声称自己拥有强大的舰队以及最大的船只。

我们同样注意到，北洋舰队[12]在19世纪80年代也是亚洲最好的舰队之一。然而在1949年新中国成立前夕，海上贸易已不复存在！由于中日战争和内战所带来的不稳定，中国已经变得支离破碎。这样一个近乎崩溃的国家已经一无所有，外贸更是无从谈起。

中国海上贸易的复兴

从1956年起，中国商船公司（CMS）[13]开始恢复元气。1950年，中国政府将其建在香港，并把这里作为连接世界的海上贸易窗口。

而后，中国商船公司（CMS）随着12家公司的改组而重建，其设施也转移到了中国招商局国际有限公司（CMIH）[14]。

中国在全球范围的海上合作越来越多。总体而言，中国支持并积极参加了由联合国组织的各类活动，加入到海上运输的合作和国际贸易中去，以深化双边和多变关系。

中国实现了由普通的海洋国家到海洋强国的过渡，按照自己的意图加速实现建设目标：公海、生态、安全、数字化以及和谐。

中国同样与很多国家签订了海上合作协定，尤其是与美国、加拿大、俄罗斯、印度、韩国、法国和德国等国。

12 北洋舰队，中国四大近代化区域舰队之一，建于清朝末期。它由78艘总吨位达83900吨的船只组成，尤其是有两艘铁甲舰：定远号和镇远号，是由德国工厂用钢铁制造的，还有8个装甲巡洋舰组成的连队、炮艇、巡洋舰、鱼雷艇等等。

13 于1873年在副总督李鸿章的领导下成立的，目的是为了抵制西方垄断下的不平等条约。它在革命风暴期间被分为两部分：95艘船只中有80艘去了台湾。

14 1980年，中国商船公司（CMS）用两只10000吨位的油船创办了一家新的子公司——香港明华船务有限公司。1988年，后者购买了东方海外货柜航运有限公司50%的股份，该公司是由船商董浩云创办的。1997年，它再次被中国商船公司收购。董浩云去世后，他的儿子董建华接替了他。

中国伟大的海上抱负

在几十年的时间里，通过改革、规划和投资，中国的海上力量重新登上了舞台，最近的势头更加强烈。

中国希望在海洋领域扮演重要角色。中国要淘汰其竞争对手，包括日本，并正在把自己打造成未来的海上第一强国！

1949年后，中国海上活动的复兴

从1949年起开始逐步付诸实施。海事统计：资源、沿海海域。
建立国家海洋局。
向外开放海洋石油工业：1982年成立中国海洋石油总公司。
在南极大陆建立“长城站”，在此基础上，从1985年开始建立了多个站点。
建立南沙群岛海洋环境监测站。从1988年起，计划建立全球海洋监测网：端口监控站、卫星监测站、飞机监测站、船舶监测站以及浮标监测站。
1991年，在一些国际海洋海底对多金属结核区域进行探索。
2002年，建成一艘30万吨位的超级油轮。
中国海军编队的首次世界巡回。从2002年5月到9月，由青岛号导弹驱逐舰和泰昌号供应船组成的船队环游了世界一周，拜访了五大洲的十个国家和港口。
2006年的国际援助。在越南渔民遭受到台风“珍珠”的侵袭后，海洋救助办公室用15艘渔船为330名渔民提供了援助，这是中国建国以来所履行的最大一次国际海上援助。
2008年12月26日到2009年4月28日，中国海军编队巡回在亚丁湾，执行索马里海岸护航任务。这是中国首次为实施国际人道主义援助向国外运送战舰。

中国设立的投资基金使得能够购买解除武装的船只，还能订购一些别的船只，享受船厂的优惠价格。

2009年，中国是世界最大的造船国！2010年，中国成为二手船的最大买主，建立了一支强大的舰队！

为了重新确立国际主导地位，确保国家安全和沿海航运、外海航运安全，以及巩固其国际地位，中国通过收购许多船只使自己变得更加强大。

八　亚洲的港口和航运

几个世纪以来，亚洲一直是一个巨大的海上贸易中心。而中国，这个曾经的海洋强国，拥有超过1400个港口、35000个泊位，其中1200个用于停泊载重10000吨的轮船。

中国上海和香港的优势

中国四大港口跻身世界十大集装箱运输港口：

- 上海、香港和深圳分别位居世界第二、第三和第四。
- 中国港口青岛港则位居世界第十。

2007年，上海的货物吞吐量达到5.6亿吨，已连续三年位居世界第一。它目前拥有42个集装箱码头以及通往世界300多个港口的航线！以法国为例，凭借它的三条海岸线，它能够成为欧洲由班轮运载货物的主要门户之一。相比之下，欧洲大部分的航运都属于欧洲内部贸易，只有四分之一来自洲际贸易，尤其是与亚洲的贸易。

上海的港口与香港港口同样著名。上海[15]的物流能力仍在持续扩大。亚洲集中了一大部分海上物流。中国是世界第一大港口国家。

2005年，上海成为世界第一大港口，超过了著名的传统海上大港

15　上海（外高桥港口和洋山港口）是世界第一大港口城市，尤其是大宗货物的运输（2007年达到492吨）。在集装箱运输方面，上海在2007年超过香港，跃居第二；新加坡在2009年末还仍然占据第二位，但由于中国的经济复苏，这个名次只持续了很短的时间。上海码头长达3000米，存储面积1.4平方公里，拥有33条通道（20个入口，13个出口）。这里还配备有21台单主梁起重机和13台双梁起重机；每台单主梁起重机每小时能装载或卸载128个集装箱。

口新加坡和鹿特丹！不久，上海将成为世界集装箱港口的龙头。在下表的排名中，所列出的十大港口中已经有七个在亚洲了！

世界集装箱港口排名[16]

港口	国家及地区	吞吐量
新加坡	新加坡	27.9
上海↑	中国↑	26.1
香港	中国	23.8
深圳	中国	21.1
釜山	韩国	13.3
鹿特丹	荷兰	10.8
迪拜	中东	10.6
高雄	中国台湾	10.2
汉堡	德国	9.9
青岛	中国	9.5

在2010年的前七个月里，中国的船舶订单量增长了420%！向中国制造商发出的订单总量直线上升。

据统计，2010年7月份，中国的制造商仅在第一季度就生产了总计3520万吨位（TPL）[17]的船只。与上一年同期相比增长了87.4%！

中国的海事公司强化发展港口

中国的海事公司也加入到中国全球海运事业的发展中来。中国远洋运输（集团）总公司在大连、连云港以及上海的洋山码头等港口都

16 2007.亚洲经济数据库，北京经济数据服务中心（单位为百万个EVP集装箱：20英尺标准集装箱，这是用于衡量集装箱运输能力的单位，传统的长度为20英尺，即6058米）。

17 TPL：载重吨位，用来测量船舱在不超出载重线的前提下的最大载货量的计量单位，相当于1000kg。

有子公司。其他的公司，如中国招商银行及其分行，则大多位于港口附近。

中远集团是中国第一家航运轮船公司，专门从事海上运输和轮船制业。它与希腊的一些船商达成若干协议，建造一个专门从事货物运输和船舶租赁的合资企业。

2008年，中远集团投资25亿欧元，获得位于雅典附近的比雷艾夫斯港口的集装箱特许管理权。目的是要发展这个港口；使其更加现代化。随着整治计划的展开，港口的吞吐能力翻了一番。同样，北京建工国际建设工程有限责任公司（BCEGI）则要与希腊的Helios Plaza公司合作，在比雷艾夫斯港口附近建造一个中心旅馆。

比雷埃夫斯港口，这个重要的地中海港口，吸引了北京前来投资，而后者则以这种方式得到了希腊的援助。中国刚刚与海事领域的希腊公司签订了十六项合同。此外，两大海事公司之一的中国海运（集团）总公司，则于2010年在法国勒哈弗尔港口开办了分公司。

九　海运的独立与安全

中国组建了一支舰队来更好地控制其资源与产品的运输，而这些资源和产品是其发展工业所必需的。新中国在这方面有多重目的：

- 建造或生产自己的军舰、集装箱以及与海运有关的机构和组织；
- 发展多个伙伴关系，投资港口及港口设施建设，并保证其安全。

中国渴望在海事领域占据世界第一的位置。此外，它还想摆脱其他国家的束缚，出口一部分自产的船舶，保证其海上航线、供应以及出口的安全，并在海事领域以独立的姿态出现在国际舞台上。

三个重点：安全、稳定和发展

考虑到其需求，在一个工业化和城市化发展如火如荼的背景下，其资源和原材料（铁矿石、石油等等）依然依赖进口，更不用说出口了。因此，造船业的发展将为其海上运输安全提供保障。中国的海上活动越来越活跃，它希望能更方便地进入公海领域，以实现其新的海洋抱负。

中国是经济和军事大国，拥有几十艘军舰和潜水艇，其中有多艘核动力潜水艇，与美国相比仍稍显逊色。但是其海军陆战队排名世界第二，其背后是海军兵工厂。

中国将加快发展大型战争建筑，包括航空母舰、新型潜水艇、超音速巡航战斗机以及其他的新一代尖端武器……

中国将优化其造船业以确保海运和经济的安全。它的军事力量在快速增长。中国的海上力量不断增强，就像那些年轻一代中国人的爱国心一样，他们为自己日益强大的祖国而自豪。

“海上力量主要是贸易，这条路最有利可图。而军事力量往往与贸易相伴，要凭借它来确保其发展和安全。”美国海洋学说之父，海军上将阿尔弗雷德·马汉[18]如是说。

于是，这一具有前所未有的防御和反击能力的现代海军海洋战略出现了。其标志是拥有第一艘航空母舰，如今尚处于建造之中，预计将于2014年到2015年间投入使用。

日本目前拥有亚洲最好的海军。中国当然想追赶上日本并取代其地位！不过中国海军的发展还有很长一段路要走，到2030年，它是否有可能与美国海军一比高下呢？

18 Alfred T.Mhan（1840-1914），阿尔弗雷德·马汉曾敦促美国在世界上建立稳固的海上航道霸权。他在他的《海上力量对历史的影响》一书中讲到：大英帝国的强大来自于它的海上霸权。

十　城市交通

在过去的二十年里，中国的城市交通发生着变化。1980年，城镇人口占中国总人口的13%。而2009年，这一数字增长到了46.6%!

到2015年之前，中国将不断加快城市化进程的步伐。在第十二个五年计划（2011—2015）结束时，中国的城市化比率将达到50%，拥有7亿城镇人口。而到2030年，这一数字将达到10亿。在这些新的城镇居民中，超过70%的人口将主要来自农村地区。

鉴于这些接近全球发展趋势[19]的巨大变化、快速的城市化和新的中国人口分布，基础设施和交通将成为衡量中国国民经济均衡发展的重要因素之一。

交通与基础设施

我们所熟知的中国自行车的黄金时代已经结束了！在城市里，继自行车和步行等出行方式之后，更加经济便利的地铁、公共汽车等公共交通方式正在不断发展。正如在其他领域里一样，中国在改善其基础设施建设！在那些作为名副其实的“未来实验室”的大城市，交通方式要显得更丰富、更便利。

在农村地区，公路的总长度为330万公里，连通全国99.4%的乡镇和村落。在中国，有35000个乡镇和553000个村落的居民可以乘上公共汽车。第十二个五年计划预计要投资13亿欧元来建设农村地区的公路。

中国的出租车同样数目众多，而这种交通方式也更方便、更便

19　全球城镇人口数量在2010年达到34亿，历史上首次达到甚至超过了农村人口数量。

宜。大多数出租车都装有计程器。当你要到更远的地方的时候，可以不按照计程器计价，而是与司机协商一个价格。

出租车无处不在，不分日夜！人们可以很方便地打电话叫出租车……中国的司机在面对顾客时有服务意识，尽管与游客交流时英语还不是那么流利。但是在大都市中，人们的英语水平都在不断提高，尤其是在香港，当然归因于其特定的历史。

空中公共汽车计划：一个环保概念

在对现存的传统交通方式进行改进和完善之外，中国人正在寻找城市交通更有创新性的解决方案。也就是我们现在提到的未来的“空中公共汽车”，这将是一个革命性的环保概念！

中国的设计师们找到了新的解决方案，以减少北京主干道的拥堵现象，避免交通堵塞。“太阳能公共汽车”将飞行在城市交通数米高的上空：便宜、快速而又环保。这种公交车时速可达到60公里，能运送1400名乘客。

这种公交车将穿行在普通汽车的上空，横跨两个机动车道的宽度。低于两米的汽车可在这个太阳能巴士下面穿行而过。列车的停靠站台也设在高处，普通汽车再也不必因传统公交车占道停车而减速了！

2050年，2000公里的地铁

没有比地铁更能改善中国的城市交通，使出行变得畅通无阻的了！中国正处在一个快速城市化的时期，其标志就是大量的投资以及城市铁路运输基础设施的加速建设。

为了更好地推广公共交通工具，诸如“无车日”这样的倡议活动开始在很多中国城市里举行！

无论是自2008年奥林匹克运动会以来，跻身国际化大都市的首都北京、经济大都会上海、中国西南部著名的山城重庆，还是广州、香港、深圳等城市，中国的城市都配备有高速地铁线以及城市铁路线。

北京的地铁是中国最早的地铁。然而其建造也不过是从1965年才开始的！从那以后，北京地铁拥有14条现代化地铁线，每天迎接500万人次乘客，它的列车车厢总是被塞得满满的。

北京市在2010年拥有228公里的地铁线和铁路线[20]，而到2020年末，将有超过1000公里的铁路线在北京投入运行。中国的首都计划在2015年拥有15条铁路线，总长将达到561公里。

到2050年，中国城市里的轻轨铁路线和地铁线总长度将超过2000公里，人们50%到80%的出行将依赖这些交通方式。

正如在其他领域里一样，中国公司与西方的公司，如阿尔斯通[21]，一起开发未来的技术。此外，中国的公司也开始出口它们的地铁，像这些中国制造的列车[22]，今后将奔驰在印度的铁路上。

我们同样可以拿株洲电力机车有限公司为例。这个公司打开了亚洲以外的出口市场，并有意与西欧国家签订地铁车厢更新的合同，就如目前在加拿大和蒙特利尔所进行的项目。

20　2005年为114公里，2010年为228公里，预计到2011年末达到334公里。

21　阿尔斯通公司和中国南车南京浦镇车辆厂签订合同。两大集团将提供24辆6车厢列车，即为南京提供144个地铁车厢。首列列车已经在2008年12月交货。

22　南京浦镇车辆厂预计要向印度最大的港口——孟买出货18辆地铁列车。这些列车配备有自动驾驶系统，时速最高达到80公里，最高可承受50℃的温度和100%的湿度。

十一 技术开发区

中国的56个主要高新技术产业开发区引导着这个国家的产业创新，在经济、社会发展方面起着重要作用。

为了刺激经济、鼓励创新和发展高新技术，中国创设了一些特区、自由区以及科技园区。

这些特设地区在中国的产业创新方面发挥着关键作用。它们与主管部门、金融界、实验室、大学、企业以及研究项目息息相关。

中国人倾向于集群原则[23]，集中发展一个高端的经济领域。

中国年轻企业和初创企业的汇聚

集中的地区业务使得曾经处于贫穷或去工业化状态的地区整个活力十足。这些优先项目主要针对一些关键领域，这些领域自身也具有高新技术的特点。

这些特区包含各个领域：光学、化学、机器人、计算机、软件、能源、生物技术、卫生、航空航天、纳米技术、信息技术等等。简直不胜枚举！

这些新的发展领域得到了公众的支持以推进研究。国家推出这项政策以达到招商引资的目的。这就造成了企业聚集发展的结果。

比如说，在湖北省，“光谷”园区则定位成为国内最大的光电子信息领域的技术中心。该园区拥有1000家企业，设立众多研究院、大学中心和著名实验室等机构。

同样还有一些经济特区、自由出口区、新型工业中心和政策优先

23 指同一领域中的企业和就业岗位集中在某一区域内，可以产生类似企业网、知识网和人才培养苗床的积极效果。

区。这些地区在创新的同时也在发展着。每个特区都有其特点：实验区、先锋领域、独特的地位、多元的技术等等。

经济特区：中国发展的关键

世界银行断言，像某些工业中心一样，经济特区对国内生产总值也做出了不小的贡献。

这些经济特区促进了就业、出口、国外投资以及现代化管理的应用。2007年，这些工业园区和特区创造了中国国内生产总值的22%，代表了46%的国外投资以及60%的出口。

它们是就业、创新和经济增长的发电机。这些特区的出现和发展，代表了公众渴望国家实现现代化的意愿。它们展现了中国的改革之路。

十二　中国未来的挑战

中国新的经济增长要求继续推进改革。也就是说要实现经济现代化，实施领土规划，从大规模生产向高质量的操作技术转变。

其目标是保护自然资源，推广清洁能源以及创建良好的环境。

然后，就是要消除不平等，持续快速发展，以及治理以牺牲农村地区为代价发展的城市。与交通管理相同，城乡基础设施建设也将成为重点。

关键问题和头等大事

除了交通，中国与其他发展中国家一样，也面临着其他亟待解决的问题和挑战：对于饮用水及卫生基础设施的供应问题、固体废料问题、水污染、空气污染、农村地区的用水安全问题、食品标准问题、社会住房问题以及生活环境等等。

此外，还有别的挑战在等待着中国：环境的可持续管理、公共健康以及国民健康水平的提高、公民权利、教育、培训、就业、文化等等。

当然，在饮用水的供应、医疗卫生和教育等方面，中国的城市已经有显著的进步。但是中国仍需为更广大的人们群众继续努力，与发达国家以及世界卫生组织制定的有关空气污染和二氧化硫排放的控制标准接轨。

30%的城市居民受到环境污染的困扰

如今，中国超过30%的城镇人口正遭受环境污染的困扰。这就是为什么要优先考虑减排二氧化碳、废物处理、卫生、资源经济、清洁能源、造林、生物多样性以及环境改善等问题！

然而也有其他的与生活环境相关的问题：社会住房问题、住房建设和管理问题、物业市场监管、就业、物价稳定等等。

于是，拿农村地区来说，政府机关要保证6000万农村人口的饮用水供应，投入更多的财力来补贴消费，以及增加农村劳动力的转业途径等等。

为了做到这些，中国要解决以下几个问题：

- 各省份间发展的不平衡；
- 人民生活水平差距过大；

- 资源和能源的过度消耗；
- 由于以往问题产生的环境压力；
- 经济增长与现代化所带来的问题。

作为一个始终处于发展中的“发达国家”，中国必须面对这些问题。要弥补所有这些差距，对于中国这样一个同时要实现所有目标的国家而言，无疑是一个相当困难的挑战！

中国和它的人民所面临的挑战是巨大的：劳动力成本、社会改革、环境可持续发展、生活质量、全民教育、现代化、透明度、调整再平衡等等。要应对这些挑战，就要求具备勇气、能力、钢铁般的意志和随机应变的灵敏！

其他重大问题及改革政策

同样，即使近些年来所做出的努力有目共睹，在中国现行改革中还存在其他的挑战：更民主化的管理、参与公共事务、个体自由的发展和鼓励、转变以及预测潜在的体系、社会和经济危机的能力。

在这块全球历史和现代化进程最快、变化最大的土地上，中国必须在改革的道路上继续坚持大胆务实精神，以实现引领世界的地位，展现新的形势。

但是，仍然有很多工作要做……中国的领导人意识到了西方国家发展模式的价值，但是他们并不想简单照搬西方的体系和思想。

中国领导人对此做了深入分析，以避免犯与过去同样的错误，导致同样的结果，也避免重蹈西方目前局势动荡的覆辙，把不可能变为可能。中国拥有丰富的文化，一旦它的这些雄心壮志得到实现，那将标志着中国的全面崛起，中国将走向世界，成为一个更公平更和谐的国家。

十三　资源与环境

如今，中国对环境问题已经有了很清楚的认识。但是中国和其他新兴国家认为，对发展中国家与发达国家不能等量齐观。在这个问题上分歧很多，但争论主要集中在两大类观点的对立上：

- 一方面，对于已经达到一定发展水平的发达国家而言，它们希望所有国家在环境保护问题上受到同样的约束；
- 而另一方面，发展中国家认为，它们有权利拥有一段时间来发展自己，弥补与发达国家的差距，使它们的人们达到同样的生活水平，然后与发达国家一同对抗气候反常等环境问题。

尽管在国际会议上存在诸多分歧，但是讨论正在进行就还有希望！美国、欧洲、中国以及他国家已经在谈论和设定目标……

中国的立场和建议

中国指出，经济发展是其主要任务，而对抗气候变化也是优先要考虑的内容之一。在对问题进行分析之后，中国提出以下几点建议：

- 对于发达国家：应该在减少温室气体排放方面起到带头作用；
- 对于发展中国家：应当采取积极措施来为减少温室气体排放做出贡献；
- 增强技术实力：创建低能耗社会，优化能源，加强环保。

中国作为一个二氧化碳排放大国提出了这些建议！但是在建议之外，它还采取了具体的措施来应对这一挑战。

中国今后的立场是：抵抗气候变化的行动应当促进经济发展而不是阻碍。具体而言，可持续发展、重视环境、清洁能源、生物多样

性、资源优化、废物利用以及低二氧化碳排放等等，将成为国家的工作重点！

这意味着中国将面临重大的挑战：在推行抵抗气候反常的政策的同时继续推进经济发展，在保护生态环境的同时满足其对大量资源的需求。

十四　资源和原材料

中国的矿产资源总价值约为337630亿欧元，占世界矿产资源总量的12%，位居世界第三。

然而，当这一储量平均到中国14亿人口中时，其排名仅占第53位。此外，中国经济发展所必需的铁矿、锰矿和铜矿却并不丰富。

经历了五十年的勘探之后，中国的矿产资源状况才日渐明晰。各自治区、省份和地区分布着不同的资源。

中国拥有171种矿产资源，是世界上矿产资源储备最丰富的国家之一。

世界资源进口大国

中国在许多原材料的需求上都主要通过进口。但是就其目前和未来的经济发展来看，中国还需要更多！

中国主要的自然资源有煤矿、铁矿、石油、锡矿、铅矿、汞、锰矿、钨矿、钼矿、磁铁矿、锑矿、铝土矿、钒矿、银矿、铀矿和铜矿等。

2009年，中国在电力、能源等企业的投资量位居世界第一，而在原材料方面则位居第二。

出于战略原因，中国把西方作为其资源资产。后者占据了中国国外交易的三分二。

由于其对原材料需求的不断增加，中国的国企和私企打破了原材料市场国际贸易的平衡。

更激烈的竞争以及生产国的优势

中国与非洲和拉丁美洲成为了重要的贸易合作伙伴。就这样，中国击败了西方的垄断公司，进行了许多对生产国不利的贸易。

而与此同时，中国使世界竞争更加激烈，从而使得生产国要支付更高的价格，这也是它遭受批评的原因。

尽管价格上涨，但为了满足国家发展的需求，中国在全世界采购依然在持续进行。中国人在非洲和拉丁美洲或者其他地区的生产国非常受欢迎。

然而，我们可以毫不吃惊地发现，卖方国家与它们曾经传统的买家之间的关系越来越紧张！

中国在这些国家购买一部分市场份额，投资建厂，而这些国家曾经一度是西方、欧洲等地区的国家的后院。中国作为一个新的竞争对手出现在这里，提供条件、设备和廉价的商品，由那些欧洲国家曾经的买家来买单。因此，那些出口国开始对曾经的合作伙伴表现得很苛刻，放弃它们或者提高价格和条件。

中国对各式各样的资源都很感兴趣：智利的铜矿、阿根廷的铁矿、澳大利亚和加拿大的矿产资源、非洲的石油、古巴的镍矿等等。

世界资源耗尽预计年份表[24]

2012	铽
2018	铪
2021	银
2022	锑
2023	钯
2025	金、锌、铟
2028	锡
2030	铅
2038	钽
2039	铜
2040	铀
2048	镍
2050	石油（尚有争议）
2064	铂金
2072	天然气
2087	铁
2120	钴
2139	铝
2158	煤

中国新的合作模式

中国在发展自身经济的同时，鼓励它的新的合作伙伴，那些曾经依附于某些西方国家的非洲国家、南美国家以及其他一些出口自然资源的贫穷国家，一同发展经济。

中国帮助它们修建基础设施、学校、医院、公路、石油管道、铁

24 来源：网站http://terresacree.org。

路等等，同时帮助它们促进经济发展和输送资源。

中国的需求在不断增长！中国对石油、矿石以及各种食品的进口都在不断增加。它是继美国之后的第二大石油消耗国，中国力捧非洲的石油生产国，它们提供了世界石油总量的10%。中国在委内瑞拉的石油投资就是一例。2008年[25]，拉丁美洲吸引了中国190亿欧元的投资，使其全球投资总额的一半。

像中国一样，印度也在加强其在拉丁美洲的投资。中国在一个月内就把铜矿的进口量提高了28.5%：2010年11月，中国进口了350000吨铜矿，而此时的市场环境则预期在2011年全球将短缺370000吨铜矿[26]。

中国同样对镍矿市场很感兴趣，古巴则主要出口镍矿。中国的花旗集团与美铝公司签订协议，要共同创办一家铝业公司。

俄罗斯与中国交流其在石油、核能和军事等领域的经验。通过把石油管道延伸到北京，俄罗斯编织了其在欧洲以外的销售网。

智利的国有铜业公司Codelco[27]与中国的矿业公司签订了16亿欧元的协议，每年给中国集团提供55000吨的铜矿。

对生产国的积极影响

现在，我们来看看“澳大利亚的奇迹”。这个国度拥有令人惊叹的丰富矿产资源：铁矿（53.4%）、煤炭（34.6%）、金矿（17.9%）和石油（10.9%）[28]。

澳大利亚同样满足着不断增长的资源需求。通过从这里购买原材料，中国同样为澳大利亚的飞跃发展出了一份力……据商业周刊杂志

25 网站：www.affaires-strategiques.info ：来自中国官方数据。

26 网站：www.boursereflex.com。

27 智利的一家矿业公司，在矿产活动方面有百年经验。

28 2010年出口产品达数十亿澳元。来源：Abare，《观点》杂志。

统计，近年来，澳大利亚人均年收入增加了2700欧元[29]！

非洲也不例外！在这块土地上，印度与中国也存在竞争吗？答案是肯定的……中国在非洲国家投资了几十亿欧元。通过与非洲合作，中国建立起了全球合作伙伴关系，并享有优惠权。

与非洲的特殊关系

2006年，在北京组织召开了一场中非峰会，它标志着未来的中非关系正式进入转折阶段；有48个非洲国家和41位国家或政府首脑应邀出席！许多非洲国家非常愿意与中国进行合作。

2007年到2008年，中非贸易增长额为786亿欧元[30]，涨幅达到45%。在尼日利亚，中国投资的45亿欧元有75%是在石油工业方面，中国在这里建了30个分公司。

如果中国在非洲的投资以及中非贸易的发展对非洲的影响仍难以做出衡量，那么国际货币基金组织（IMF）的报告显示，中国已经在金融危机时拯救非洲于水火之中。

依然根据国际货币基金组织研究，2010年和2011年非洲次大陆的经济增长分别为5%和5.5%。面对中国在非洲的出现，美国、德国和其他一些国家开始对这场在他们曾经的后花园发生的角逐有所警惕。

然而许多贫穷国家梦想能实现中国式的发展，以减少贫困，刺激经济增长，因此他们与中国关系亲近是很正常的。中国在世界各地广泛投资，编织着它的全球发展网络。中国的投资、贸易和双边协定无处不在：非洲、拉丁美洲、美国、缅甸、希腊、西班牙、意大利、俄罗斯、巴西、土耳其、葡萄牙、韩国、古巴、瑞士、法国等等。

---

29 来源：2010年12月19日《观点》杂志。

30 来源：www.usinenouvelle.com。

十五　中国的稀土财富

中国占有世界稀土资源总量的97%。这是一笔真正的财富！几乎称得上垄断……

当中国在大量进口资源、特别是能源的时候，它实际上占有着一类名为“稀土”的金属资源，并且储量非常丰富。这些珍贵的金属是无可替代的。

稀土，鲜为人知的商业武器

什么是稀土？从经济和战略角度讲，稀土在所有尖端技术产业都是不可或缺的。

这些具有电磁特性的17种珍贵金属[31]被用于制造高科技产品：电子技术、武器装备、激光、可再生能源等等。

稀土资源占矿产资源总量的17%，这些不可替代的化学元素，现在就像石油一样必不可少。中国，这个致力于发展高科技的世界工厂，目前是这类金属的最大消耗国。

中国的领导人邓小平所提到过的“未来石油”是很有道理的。这个曾经的中国领导人，有远见的中国改革之父，他曾经指出，如果说中东地区有它们的石油，那我们中国就有我们的稀土。这一论断，在今天得到了最好的验证……

31　稀土包括17种元素，均以拉丁语命名：钪Scandium、钇Yttrium、镧Lanthanum、铈Cerium、镨Praseodymium、钕Neodymium、钷Promethium、钐Samarium、铕Europium、钆Gadolinium、铽Terbium、镝Dysprosium、钬Holmium、铒Erbium、铥Thulium、镱Ytterbium、镥Lutetium。

没有稀土，就不存在创新

如果没有稀土，就不会有电力或混合燃料汽车，就不会有电话和iPod，也不会有新一代的高速列车、电脑、弹头、光纤等等这些创新和发明了。

同样，如果没有稀土，催化转换器、半导体、夜视装置、电池、节能灯泡、纯平显示器、太阳能板，甚至食品、废料和牲畜的加工都无法实现……

2011年，中国将减少稀土的出口。中国与世界一样，不能停止对高新技术领域的开发。对于这一新兴经济而言，每年开发成千上万吨的矿石（2011年为125000吨）是必不可少的。

这些稀土的价格正在飞涨：按公斤计算！稀土将是未来必需资源之一。只需要在生产的不同环节加入微量的稀土元素，产品就能表现出防腐、光滑纯平、磁、发光等特性。

稀土被应用于武器、卫生、石油提炼等领域。它们的价格不按吨来定，而是按照公斤。因此，当我们看到这17种令人垂涎的稀土价格飞涨时，丝毫不必惊讶！

这是一个优势，但也存在弊端！稀土的提取和加工工艺耗时很长，并且有一定的污染。提取过程中需要用到化学产品，而这些化学产品会释放出大量的温室气体。

即使中国官员对于配额的决定具有先天的优势，可以有更好的发展环境，但是对于稀土的争夺才刚刚开始。

一场配额之战

这些矿产在地球上无处不在，但是它们的可提取性却有很大差别。多年来，很多国家放弃了对它们的开采。要想重新使用这些矿区，就必须重新勘探，进行技术调整，还需要时间！

美国开采了15%的储量，并逐渐开始在本土进行稀土的生产。但是在目前的形势下，全球稀土需求紧缺，而中国政府又减少了稀土的出口配额，这让美国、日本及欧盟等西方国家的工业感到不安。

稀土是必需的战略资源。这一战略和技术优势是中国新的王牌！

十六　全球耕地采购

为了保障粮食自给自足，对耕地的收购是世界大多数国家的头等大事。中国也不例外。

中国要用仅占全球约7%[32]的耕地面积来养活世界22%的人口。中国大部分耕地位于长江和黄河流域。

耕地不足：产量是关键

领土面积占世界第三，人口总数世界第一，但是中国大部分地区是山区和高原。尽管中国的农业产量是世界上最多的，但是它仍然需要寻找耕地。

32　根据不同的估测标准，在7%–15%之间。

中国的耕地面积（12.5%）和非耕地面积（87.5%）[33]

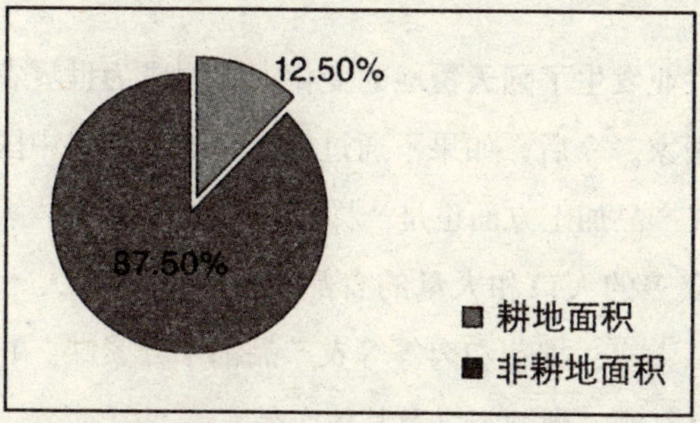

中国正在由传统农作物转向蔬菜生产。如果说中国的农产品加工工业目前仍有待提高，那么中国将在接下来几年里把该领域发展为强项。

在城乡人口收入差距方面，农村问题是中国领导人首先要解决的重要问题。农业是农村人口收入的主要来源，这部分人口占中国总人口的一半。

因此，需要实施改革，以避免因社会不稳定而出现社会危机，提高农村地区的现代化水平，保证城乡均衡发展。

2011至2015年的第十二个五年计划，其目标就是提高农民收入，为其提供税收优惠和社会福利。除了某些戏剧性时期，中国一直懂得如何养活这个比欧洲总人口还要庞大的国家。

虽然拥有多样的耕地——尽管面积非常有限、多元化的技术、多重的耕作方式、较高的产量以及多变的气候，中国在许多方面仍显不足。

33 来自国土资源部和中国驻法大使馆网站（www.amb-chine.fr）。

中国农业翻天覆地的变化

中国的农业发生了翻天覆地的变化。中国成为世界农产品市场重要的进出口国家。今后，如果不通过作为必经之路的中国，就不会有全球化，在农产品加工方面也是一样。

鉴于其众多的人口和大量的食品需求，中国的大米、黄豆、玉米、油菜籽、大麦、棉花和肉等等农产品都十分紧缺。它在不断进口食品，特别是红酒、烈酒类以及其他产品。

考虑到食品资源成本，分布在五大洲30多个国家的中国数十家农产品企业，在不断购买成千上万公顷的农地和耕地。

在此之前，这种现象仅限于非洲

非洲不再是中国主要的农产品供应国了。中国人在俄罗斯、哈萨克斯坦[34]（400km^2）以及非洲和拉丁美洲的广袤土地上大面积租赁和购买耕地。他们也希望在苏联的国家以及加拿大魁北克地区购买土地……

中国在全世界广泛投资，以供养本国经济，实现交换贸易。面对中国的出现，美国和欧洲将不再是，也不再被认为是“世界的中心”了。

于是，一个在非洲的农场将为中国人生产大米。在刚果民主共和国，中国的中兴电讯国际集团[35]收购了300万公顷的森林，用来种植棕榈树。在柬埔寨、老挝、津巴布韦等国家，中国人的土地收购和租赁正在快速发展着。玉米、大米、木薯、三叶橡胶树、甘蔗、桉树、棕

34 该国的农业部宣布已经做好准备提供超过35000平方公里的耕地面积。

35 来源：www.bulletins-electroniques.com。

桐树、橡胶树、森林、牧场以及多样的作物，所有这些为经济发展提供了新的动力。

中国的务实态度

中国在国外办厂很容易，因为中国人在非洲以及其他国家都奉行不干涉别国内务的原则，而且奉行务实的外交政策，这是取得成功的关键。中国不会插手任何它所投资国家的内务和内政。

在经济增长、贸易、进出口、金融、法规、协定以及国际市场等各个方面，今后的国际发牌方式都将改变。今天还是正确的事，明天就不一定依然正确了！

十七 珍贵的水资源和灌溉

到2030年，急需全球性政策

到2030年，在水问题方面，联合国的目标必须优化，其中涉及到灌溉、增加产量、促进水资源均衡供应、保证基本供应的管理等方面。

2000年水资源总量估计[36]

国家	体积（km^3）
巴西	6220
俄罗斯	4059
美国	3760
加拿大	3290
中国	2800
印度尼西亚	2530
印度	1850

加拿大（人均781升）和美国（人均567升）是人均水资源消耗最多的国家。20年后，水需求将增长600%。

水资源短缺、洪水、污染、环境恶化以及用水卫生等问题，是与全世界每一个国家息息相关的问题。中国的情况又如何呢？有什么好的解决方案吗？

中国的当务之急是干旱、缺水、洪水、水源恶化以及废水处理等问题。至少每两年，中国就会发生一次严重的干旱。

在中国668个城市当中，超过400个城市缺水，目前有2000万中国人很难喝上饮用水。中国每年缺水量达300亿到400亿立方米。

此外，由于在中国某些地区发生干旱，许多河流都出现干涸或受到污染。

由于无知和没有意识到问题的严重性，中国和全世界都低估了保护水资源的重要性，直到出现危急而不得不为之：水源污染、大量使用化肥、乱丢废弃物等等。

这是一个全人类都要面对的新的危机，我们要手牵手来应对。不要忘了环境污染依然愈演愈烈，因为它所滋生出的疾病仍在延续。

36 海伦·厄尔萨姆和卡洛琳·罗丹，《2000年淡水总量》，世界资源，网站：www.mines.inpl-nancy.fr。

五项国家计划

- **保护计划**：城市和乡村的水源保护；
- **法律、预防和治理**：抵制水污染；
- **修筑水坝**：保证水环境安全；
- **重新规划**：城市和乡村的有污染的企业；
- **信息和意见**：居民用水质量。

中国的人均水资源占有量为2350立方米，是世界平均水平的四分之一，并且南北分布不均，北方要更干旱。

此外，中国必须要满足全国人民的饮用水需求，不管是在农村还是城市，以及考虑到其水资源分布不均，考虑到工业、农业等各个方面的需求。这也就意味着，要在干旱地区和山区改进灌溉方式，要对抗气候反常，要打击对水、湖泊和江河的污染。中国在实施一个宏伟的计划！

荒漠化：中国的巨大挑战

在这方面，一项2005年到2009年的调查[37]显示，中国262万平方公里的土地由于荒漠化和土壤侵蚀而被降级。2009年，中国用于水资源保护工程的投资就创下了160亿欧元的纪录。

新华社[38]2006年的调查显示，中国每年有超过1200万吨的粮食受到重金属污染，造成直接经济损失22亿欧元。

为了抵制污染环境的工厂，第十二个五年计划预计要重点治理那些污染环境的工厂，尤其是对于重金属污染和那些沿河湖的化工厂，要实行全面监管措施。

---

37 调查来自中国林业局副局长祝列克。

38 Agence Chine Nouvelle：新华社。

中国贫困地区的供水

像宁夏回族自治区的永宁县这样的偏远山村，如今已经能保证饮用水的供应。自从救助西部贫困地区的计划启动以来，已经建成超过10万口水井。

中国西北部地区的“水窖”计划提高了农民的生活水平，他们迫切需要这样的储水系统来实施灌溉。之前，他们不得不步行一个多小时，从河里汲水，然后忍受着负重带来的疲惫把水运回家……

美国、中国和印度都拥有众多的大型灌溉区，来为农业服务。在中国，70%的食物来自水浇地。但是还必须改善水源的治理、卫生和输送等环节，提高灌溉效率。

面对诸多挑战，为了克服其地理环境、沙漠、山区等的特殊性，中国取得了令人惊叹的巨大技术成就，比如在全国范围内，对微观和宏观灌溉技术的多重复杂应用。

在这方面，对于这些贫穷国家和发展中国家必须应对的挑战，西方国家并没有到需要应对的程度。尽管在该领域中国技术领先，但是中国还处在发展阶段，要完成的任务依然相当繁重。但是中国正在积极而快速地发展着！

十八　生物多样性和生态系统

中国的动植物资源、鸟类和裸子植物[39]的种类都是在世界上排名第一的。

中国是世界上生物种类最丰富的国家之一。但是也面临着危机：

39　一类植物，大部分是针叶类：云杉、松树、冷杉、落叶松、杜松、紫杉、柏等等。

15%到20%的植物正在消亡，40000种动物濒临灭绝。

中国的保护意识

如果说中国在哪方面先进的话，那就要数中国人的生物多样性保护意识了。中国的陆地上物种的繁盛与美丽令人惊叹，但是在过去却并未得到足够的重视。

中国是第一批签署《生物多样性公约》的国家。如今，它的付出远远超出了其所做出的国际承诺。

在经济发展和城市化之外，保护生物多样性成为中国的一项根本目标。中国十几年来在这方面做出了巨大努力。

从2003年开始，中国科学院已经开展工作拯救濒临灭绝的植物。如今，就保护正在消失的稀有植物、建立基因库以及拯救濒临灭绝的野生动物等方面，中国已经投入了上千万欧元的资金。

现在，有250多个人工繁育中心正担负着七大类物种的拯救工作，其中就有大熊猫和朱鹮。熊猫又被誉为中国的“国宝”。目前中国野生熊猫的数量在1100到1500只左右，野生银鸥的数量在2000到10000只左右，而曾经难得一见的老虎，也逐渐在中国的东北部等地出现。

再举一个例子，中国在世界上率先对白鳍豚进行了科学研究，并打击对数量不断减少的藏羚羊的猎杀，其数量现在还剩70000只。中国还在西南地区的云南省建立基地，以保护国内最大的热带雨林生态系统。

中国的生态转型

中国政府在这方面的敏感与责任感是毋庸置疑的！例如，禁止实施与可持续发展相悖的捕鱼方法，禁止在超市使用塑料袋等，这些措施让自然保护协会很高兴。

北京很少采取权宜之举……在绿色职业和森林方面投入了大量资金。这在几年前是难以想象的！中国将要求联合国采取更严格的规定。

情况紧急？一项国际研究[40]表明，中国的生态系统在1981年到2000年吸收了因燃烧化石燃料所释放的碳的28%到37%。

面对地区荒漠化和森林砍伐，中国声称每年增长森林面积达40000平方公里，并重申了它的森林保护计划……中国所种下的数十亿棵树木成为典范，为全球生物多样性做出了贡献。

是行动的时候了！2007年到2008年，消失的树木已增长299%，这主要发生在巴西。在过去20年里，已有50万平方公里的树木消失。

以目前的砍伐森林速度来看，如果我们依然不采取任何保护措施的话，世界上最大的热带雨林——亚马逊森林，将在2030年消失。

经济增长与环境保护之间新的平衡

中国现在追求经济增长与可持续发展之间的平衡。因而需要大量的资金以及更先进的技术。

中国还得到了活跃在该领域的科学组织、基金会以及国家投资机构等的支持和帮助，另外还有诸如中国世界自然基金会[41]这样的组

40 《自然》杂志上刊登的一项国际研究（气候与环境科学实验室/欧洲事务委员会，法国国家科学研究院，圣康丁昂伊夫利纳–凡尔赛大学）。

41 世界自然基金会是一个致力于保护自然环境的无政府国际组织。英文网站为：http ：wwfchina.org。

织，它自从1980年开始就致力于可持续发展工作中。

挑战！到2030年，如果人们继续压榨我们的资源，人类将不得不动用两个地球来满足每年的需求了。因此，自然保护与经济发展之间的冲突仍在继续。

十九　全球性挑战

地球的能源资源从来没有遇到过像现在这样的挑战：核安全危机、资源保护、气候反常和全球环境。

这一挑战可以用一句话概括：使用更多的清洁能源，排放更少的二氧化碳。“空气和环境污染不区分国家主权……如果我们无法看到超越了个人和社会利益之外的东西，我们短浅的目光将把我们推向失败，这将酿成真正的悲剧。”墨西哥总统费利佩·卡尔德龙在2010年坎昆会议的开幕式上如是说。

影响我们未来的角色

政府、媒体和无政府组织是国际谈判中的主要角色。中国参加类似这样的谈判的时间较晚，在与其他主要参与者的合作方面，中国还有需要改进的空间。对于那些贫穷国家或者新兴国家而言也是一样，他们应该讨论并赢取其在筹备会议上的话语权和听证权。

尽管大部分气候变化起初都是由于发达国家的过度消耗导致的，然而今后要面对其所引起的后果的则是全世界所有的国家。发展中国家尽管有自身的需求，但是仍应该在处理环境问题上加大力度。

如果发达国家能保障气候基金并履行承诺，他们将成为榜样，并将收获来自发展中国家的尤其是在透明度问题上的有效成果。

有些国际环境论坛的参与者表示，全球性共识的建立会使气候谈判陷入僵局。

其他人则反对说，共识原则是所有与环保问题相关的谈判的基础。但在未来的协议签订之前，是否每个国家都应该加入到环境保护的进程中来，并采取适当行动呢?

中国的行动

基于2005年的温室气体排放水平，中国承诺将在2020年之前减少温室气体排放40%到45%。尚未有任何发达国家做出如此大的承诺。

正如奥巴马所要求的那样，华盛顿承诺，要在2020年之前把温室气体的排放量减少到2005年的17%。尽管此前美国国会拒绝了一项气候法草案的通过。

华盛顿将采取行动，通过一系列调控措施来减少温室气体的排放。通过将二氧化碳归为一类污染物，美国环境保护局将设置上限，以更好地规范二氧化碳排放量。

这样的举措要想产生效果，需要花很长时间。就目前的情况来看，把二氧化碳排放量降低到17%的目标似乎已经难以实现了。

缺乏约束性指标

目前，仍没有针对温室气体排放量减少的约束性指标。谈判工作仍有很长的路要走，并将在2011年底在坎昆举行的下一届气候峰会上延续。

这就意味着将出现更具体的、强制性的措施和新的条约，来减少温室气体的排放。但要做到这一点，就需要所有国家都真正自愿地做出承诺。

另一方面，还需要想办法支撑著名的坎昆绿色基金，在出台各自2030年的计划之前，这将是一个检验各个国家政治意愿的机会。

二十　CO_2少一点，生活好一点

中国这样的发展中国家，正步入经济增长阶段，也是历史上最需要能源的阶段，这是其工业化和不断增长的经济的需要。这一时期将持续至少十年。

与数十亿人们的合理愿望相悖，推行限制性政策，甘冒经济增长变缓的风险，这并不是最好的结果。

这就是为什么环境对经济增长的约束性越来越大……因此，中国正在为未来的能源和环境改革做着准备！

2030年的CO_2排放量将是多少

如果我们袖手旁观，将增长40%！

据能源情报署（EIA）[42]预测：如果我们不采取任何减排措施，二氧化碳的排放量将从2006年的290亿吨增长到2015年的330亿吨，到2030年将达到400亿吨。

在2020年之前，地球上需要减少30%的二氧化碳，否则全球平均气温将上升2摄氏度。

42　能源情报署用来提供美国的能源数据。

更令人惊讶的是，这一警告是由美国发出的，而此前美国在数字的承诺上一向很慎重。

而中国则指出了工业国家该负的责任，它们在本国内部做的是一套标准，而在发展中国家投资时，却明显是另一套碳信用标准。

减少CO_2排放，从日常生活做起

当国际机构仍在质疑和考虑该采取怎样的新环境政策时，对于大多数中国人而言，“低碳”已经成为21世纪的一个流行词。

而在这一新观念和新词条尚未发明之前，许多中国人已经开始了更环保的生活方式，节电节水、精打细算。

的确，环境和污染问题在中国已经人尽皆知，而如今这些问题与减排二氧化碳成为了国家大事。

几个中国网友的看法

在国家级的计划和指导方针之外，中国网友发出了“今天你低碳了吗？”这样的口号！

在豆瓣网[43]上，成千上万的网民讲述着自己生活行为的巨大变化。在这些普通网民的论述和建议中，我们看到如下这些标题：

“垃圾分类以减少碳痕迹”，“变化来自日常的点滴积累”，“六个习惯减少你餐桌上的碳痕迹”，“低碳生活的50条建议”，“用电子发票取代传统发票”。

43 http://www.douban.com，http://www.chinadaily.com.cn。

我们该为环境做些什么

在中国的网站上，我们还找到了其他的评论：28岁的魏宁，在江苏省南京市一家外资银行工作，她讲述了她是如何从日常生活的点滴行为做起的。她每天都很重视环保和低碳：“我从很多小事入手：用打印纸的两面打印材料、使用公共交通工具或者骑单车、离开时记得关灯和关电器、在超市用环保购物袋而不是塑料袋等等。这些细小的行为可以产生大的影响。”

即使在炎热的夏天，魏小姐也从来不把空调开到26℃以下。她认为，低碳的生活方式需要适应这些生活习惯，以节约能源、保护环境。在她看来，一旦确立这些原则，低碳生活就很容易实现了。

魏宁很喜欢栽培植物，因为从豆瓣网上的一个碳排放量计算器上她了解到，人们可以通过种植植物来吸收这些排放出的碳。

魏宁发现，每消耗140度电能所排放的二氧化碳量，可以通过种一棵树来抵消掉。这就是为什么她买了许多室内植物，并将它们摆放在阳台上。“仅仅是看着这些绿色植物，我就觉得空气清新了很多。”她说道。

勤奋节俭是中华民族的传统美德，在这方面，魏宁受父母的影响很深。她很清楚，贫困和欠发达的经济使得父辈们不得不生活节俭。而如今，人们提出低碳生活则是出于保护环境的原因。

“跟爸爸妈妈一样，当我在外面吃饭时，我从来不点过多的菜，以避免浪费粮食。这也是省钱的好办法。”

殊途同归

在这一问题上，中国外交学院的龙媛芳赞同魏宁的观点。

“政府应当出台法律来影响人们的行为，作为个人而言，则要从自身做起，比如栽培植物、循环用水、垃圾分类等等。”

作为学校环保社的成员之一，她参加过许多不同的活动。

“一些诸如离开房间时关灯这样的小事，都是在为环保做贡献，为未来的下一代着想。我认为，沙砾可以堆砌出宝塔，微小的凝聚可以孕育出伟大。如果我们在生活的各个方面都注意环保，必然能产生很好的效果。”

魏宁和龙媛芳以自身的行为方式为环保做着贡献，但并非所有人的行为方式都是一样的。其他的，比如这对年轻的新婚夫妇，王锦和于燕，他们更喜欢用一种引人注目的行为来呼吁低碳生活，影响人们的行为方式。这对来自辽宁锦州的新人决定骑着自行车来举行婚礼！这一行为吸引了当地居民的注意，它向人们传递一个信息：少一些汽车，少一些垃圾。

教育与媒体的重要作用

媒体和互联网在全球宣传低碳方面起着重要作用，中国也不例外！其中，中国气候变化信息网[44]就是一例。

除了众多提供环保信息的网站之外，随着它们在网民中人气日益高涨，获得成功，“微博”则逐渐成为了中国的舆论先锋们的下一个战场！

44 www.ccchina.gov.cn/en。

二十一　低碳经济

中国的愿望是从2020年到2025年，把单位国内生产总值所排放的二氧化碳量降低40%到45%，同时加强立法，以履行其向国际社会做出的承诺。

为了中国的可持续发展

如果说中国在这方面还要下很大工夫的话，那是因为这是一个人口非常稠密的国家，尽管发展迅速，但它仍然是个发展中国家，还有很多问题需要解决。

中国，这个将来的世界第一大国，也是一个快速发展的国家，其优先考虑的主要任务是：国家稳定、经济发展、社会进步、根除大部分人口的贫困问题、改善人民福利等等，就像其他新兴国家一样。

在这样一个所有国家都经受着气候变暖和自然资源匮乏的时代，对所有人而言，实施发展低碳经济都是巨大的挑战。

与中国发展相关的问题

近年来，通过谋求适合本国国情的发展模式以及宏观政策与市场机制的有机结合，中国政府实施了低碳经济的扩大发展。一个国家越是发展这种经济类型，它就越能成功。煤炭资源丰富而石油、天然气短缺的中国，是一个碳排放大国。

中国政府长期以来一直很关注这个问题，并采取措施以减少能耗，同时开发新能源。

中国应该推出一种低碳的工业系统，以求在2015年创建一个节能环保的社会。

综观中国所采取的措施[45]，我们可以看出，中国正在沿着一条允许它低碳发展的路前进。

例如，2010年至少592万公顷的造林行动、积极参与国际合作、发展能源经济、保护环境和发展循环经济、对城区每天各自排放的1500万立方米废水和60000吨垃圾的处理能力等等。

为了发展循环经济，中国应该加强矿产资源的再利用、工业废料的回收、热能的再利用及余热发电，还有家居垃圾的回收等等。

中国将给予一些技术支持和税收优惠政策，以促进非化石燃料和可再生能源的使用，力争到2020年将其在基础能源中所占比例从2009年的9.9%提高到15%。

2011到2015年间，中国的方针政策

这些目标对中国而言是真正的挑战，要想实现它们还需要付出更多的努力。在第十个五年计划（2001—2005）中，中国决定了它的发展战略：开发资源，节约能源。重点放在节约能源上，同时提高能源效率，实现可持续发展。该计划还鼓励能源节约技术、新能源以及可再生能源的推广应用，包括风能、太阳能和地热能等。

紧接着，第十一个五年计划（2006—2010）将节约资源作为一项国家政策，并确立两大目标：一个是减少单位国内生产总值的二氧化碳排放量，另一个是新型资源的应用。

中国的第十二个五年计划（2011—2015）尤其强调要挖掘国内市

45 2010年6月25日，在上海陆家嘴论坛上，金融界人士讨论了“低碳经济和绿色金融的未来”。来源：梁萌和齐帆：中国人民银行金融研究所研究员。

场的巨大潜力、显著减少二氧化碳排放以及提高经济增长的质量。该计划明确其主要目标是：对国民经济进行战略性调整、减少单位国内生产总值的能耗以及减少二氧化碳排放。

低碳的生活方式

2010年10月13日发布的《生命行星报告》[46]显示，如今中国自然资源的人均消耗低于世界平均水平。

该报告称，中国人均生态足迹世界排名第74位。这就意味着中国自然资源人均消耗量低于世界平均水平。

在报告中，位居前十位的国家分别是：阿联酋、卡塔尔、丹麦、比利时、美国、爱沙尼亚、加拿大、澳大利亚、科威特以及爱尔兰。

经合组织[47]的人均生态足迹占全球的37%，高出“金砖四国”[48]的平均水平。在这份报告中，生态足迹衡量的是人类需求对生态系统的影响，同时反映出生态资源的消耗情况。报告还指出，如果每个人都像美国人那样生活，那将需要多达4.5个地球来满足人类消费和吸收排放出的二氧化碳。

46 《生命星星报告》：由世界自然基金会、伦敦动物协会和全球足迹网络每年发布两次。

47 经合组织：经济发展与合作组织，由世界上最富裕的国家组成。

48 BRIC：巴西、俄罗斯、印度和中国。

二十二　2030年的能源转型

中国的决定性作用

世界自然基金会总干事詹姆斯·李普强调说，发达国家生活在一个虚假的伊甸园中，在这里过度消耗着资源并大量排放着二氧化碳，而生物多样性的锐减甚至消失已经向我们敲响了警钟[49]。

2010版的《世界能源展望》预测了2035年人类的能源需求以及与能源相关的生产、贸易和投资情况。

能源世界正面临着前所未有的不确定性，但有一点是肯定的：中国将起到决定性作用！据国际能源机构估计，2035年全球能源需求将增长36%，而对于中国而言则是75%！

更节能的中国

同样根据该报告，从2010年以来就成为世界上最大的能源消耗国，占全球的17%，而到2035年该数字将增长到22%。

由于预见到“天然气黄金时代”的到来，国际能源机构呼吁人们抵御气候变化，同时呼吁“采取有力措施”以遏制这一增长。

中国经济如同中国人口一样的显著增长，必将带来全国能源需求的潜在增加。中国的经济增长已经超过了美国，比预期的还要快！

而中国的人均排放量仅为法国的二分之一，美国的七分之一！目前，仅仅美国和欧洲的排放量就占约60%，而中国却不到8%。

49　中国日报2010年11月23日。

中国和印度将通过他们的经济和能源政策来影响世界经济增长、能源和原材料的版图，例如成本问题。在这方面，一切都取决于未来的政策和措施，努力普及节能理念，推广清洁能源和可再生能源。

与可再生能源和核能相比，中国和印度经济更倾向于抵制全球变暖!

随着中国经济的快速增长以及农村和城市的加速融合，农村和城市污染对中国的环保而言已成为新的挑战。

十多年来，中国致力于解决这方面问题

中国积极优化能源结构，大力发展低温室气体排放的能源类型，如可再生能源和核能。中国在这方面已经着力多年。北京的当务之急，同样也是经济问题。

中国的一项报告显示，环境污染所造成的损失占中国国内生产总值的10%。对于绿色企业而言，到2013年，其生产总值将为4000亿到8000亿欧元，占国内生产总值的15%。因此，北京在进行一些先进试点项目。

要达成气候变化相关行动的有关协定，将需要大量的交流和妥协，而强烈的政治意愿则需要通过数据化的进步成果和恰如其分的承诺来体现，这样才能解决我们星球上的一系列问题。

二十三　中国未来的核能

相对于其他能源领域，中国的核计划在毛泽东[50]的领导下始于20世纪50年代。与其他众多国家一样，其目的也是用于军事用途[51]。

而在2011年春，日本的核灾难让我们对“最坏的情况”产生了担忧。这次灾难的影响远远超过了切尔诺贝利核灾难，关于核工业及其安全性的辩论才刚刚开始。毫无疑问，所有国家包括中国在内，在日本福岛第一核电站灾难过后，都必须重建核能信心。

中国的核能容量

目前，中国拥有13个核反应堆，可提供共计10.8吉瓦的电量。未来的十年将是该领域加速发展的时期。

通过加速在核能领域的投资，中国希望在2020年拥有70吉瓦到80吉瓦的发电能力。

中国国务商务委员会依据批准了34台共3692兆瓦[52]的核反应堆，其中有25台在建造当中，可提供电力2772兆瓦。其建设规模是世界上最大的。

中国想要建造一个燃料工厂，因而出台了一项民用核电站计划，预计到2020年能建成40到60个核电站。

现在看来，核电站仅仅提供了中国巨大能源需求量的2%到3%。而中国将在核能方面投资500亿欧元，这个比例将在10年后至少翻一番，达到6%。

50　毛泽东，泽东是名，但单独一个姓“毛”在西方更加有名。

51　1964年，中华人民共和国进行首次核试验，而后的1967年，进行了首次氢弹试验。

52　通常情况下，核电站的能力以电力形式体现，对应的技术术语就是兆瓦。

即使中国加快了核工业的发展速度，但是现在我们距离法国[53]还有很大距离，这里有分散在15个地区的58个生产设施，提供了法国电力公司[54]超过87%的电力。

国际合作

多年来，法国电力公司在中国的核电发展方面起着重要作用。

在世界市场的技术与贸易竞争中，中国、法国和韩国将加入到南非的6个电厂的建造中去，预算总计约13亿欧元。

中国，未来的核能大国

中国的得分点在第三代核电站。位于中国东部浙江省三门县的一个核电站，刚刚迎来新一代CA 01反应堆。另一个更大的核电站尚在考虑之中。

中国的目标是：出口由中国的核能公司建造的、打上中国标签的核电站，其中就包括中国广东核电集团。

该集团计划在未来十年里投入660亿欧元来发展企业。同时，法国阿海珐集团与中国广东核电集团致力于民用核能在新时期的长期合作，加强彼此的联系。

中国科学院院士欧阳宇称，中国将开发第三代核反应堆的自主技术，将比第二代更安全、更经济。

中国在核能领域里将越来越独立，特别是在进口技术方面。到

53 法国是在美国之后的世界第二大核电国家。

54 EDF：法国电力公司，法国主要的电力生产和供应公司。

2020年，未来的核反应堆将要依靠中国的技术发展前进！

中国的核燃料处理

中国最近宣布，已经找到方法将废弃的核燃料进行再加工，以再次产生能源。中国国家核工业集团公司称，中国已经找到方法将核废料转化成能源，目前世界上只有少数几个国家能做到这一点。多亏了这一技术，中国能够在几个世纪内保证自给自足！

根据中国中央电视台报道，这项技术使得用过的核燃料得到再利用："如果中国铀的探明储量仅仅能持续使用50到70年，而由于这一发现，这一期限延长到了3000年。"[55]

到2015年，仅仅广东省，这个中国核电站集中区，将投资11.3亿欧元，用于发展新兴产业！

其中包括核电设施、新能源汽车、光伏发电和风力发电等。

2020年，中国的核能发电量将达到7000万到8000万千瓦，预计占中国总电力的7%。

二十四　石油工业

在石油工业方面，中国在过去的五十年里取得了巨大的进步。

中国是个石油生产大国：在世界主要生产国中位列第五。

中国的石油产量在1999年增长到1.6亿吨，而在1949年新中国成立之初，这个数字才仅仅是12万。

55 中国每年生产约750吨铀，而到2020年，年需求量将达到20000吨。来源：中央电视台和中国日报。

中国拥有2000家炼油厂，其中有85家年产量约470万吨。

此外，在中国西部地区，已有新的石油和天然气矿藏被探明，估计储量将达到1亿吨。到目前为止，中国已设立四个油区，主要位于中国东北、环渤海海湾以及中国西部地区。

但由于令人难以置信的发展速度，中国的石油消耗量在25年内增长了4倍！

中国：继美国之后的第二大石油消耗国

我们见证了中国两大石油公司的崛起：首先是中国石油公司[56]（该公司在2010年紧跟在埃克森美孚公司之后，在2011年加速发展，名列第一位），然后是中国石化。

在世界资本市场，中国的石油公司就像中国银行那样，再次展现了全球最大的企业的实力。

中国石油集团外包

中国石油企业的外资并购案例很多。中国石油巨头中国海洋石油公司（CNOOC）、中石油和中石化都在采取战略措施应对全球化。

56 中国石油是家上市公司，是中国石油天然气集团公司的一部分，后者是中国最大的石油公司。

2010年十大主要石油公司[57]

排名	公司	国家	市值
1	埃克森美孚	美国	291亿美元
2	中国石油	中国↑	28069亿美元
3	壳牌石油	荷兰	16529亿美元
4	巴西石油	巴西	15464亿美元
5	雪佛龙	美国	14865亿美元
6	俄罗斯天然气	俄罗斯	12071亿美元
7	道达尔	法国	11373亿美元
8	中国石化	中国↑	10049亿美元
9	英国石油	英国	9437亿美元
10	康菲石油	美国	8105亿美元

尽管资源有限，中国仍然是世界第二大石油进口国。中国的能源原料需求——尤其是石油需求，正在迅速增长。因此，能源资源战略以及资源运输安全是中国外交的首要任务。

在与西方国家和亚洲邻国的竞争中，中国鼓励与俄罗斯和中亚地区在石油和天然气上的开采合作，以保证其采购需求得到满足。

连接中国东北和俄罗斯远东地区的石油管道已经从2011年初开始运行。在2011年1月1日首次投入使用当天，这条新的中俄管道线就能向中国输送42000吨的原油。该管道线总长927公里，有72公里在俄罗斯境内，剩余部分都在中国境内。这条总长近1000公里的石油管道每年能从俄罗斯向中国输送1500万吨的原油。

即使中国十分追捧非洲——这里的生产商提供全球10%的原油，西方国家对此表示担忧，然而与西方国家相比，中国的利益还是要小得多。

在国际竞争游戏当中，非洲已经成为名副其实的原材料仓库。但

57 来源：2010年天然气和石油公司排名，网站：www.fb-bourse，2010。

是如果中国需要非洲的黑金的话，这里也是中国商品出口的市场。

中国对非洲各类基础设施项目的资金支持以及对非洲发展的帮助，使得中非合作真正实现了双赢的局面。中国同时也投资石油！

二十五　从煤炭到清洁能源

中国的经济增长依然主要依赖煤炭，而且用量在不断增长。在能源领域，煤炭仍然是中国的基本能源。中国的生产结构与发达国家相去甚远。

中国能源需求有80%依靠煤炭来满足，这样就会产生大量的二氧化碳。现状必须改变！

从煤炭过渡到清洁能源

为了改变能源结构，中国政府应该发展新型能源，想方设法发展战略性新兴产业。

世界观察研究所研究显示，中国将会成为世界第一大可再生能源生产国。到2020年，中国将实现由可再生原料提供15%所需电力的目标（2010年为8%），而到2050年则要增长到30%。

为此，中国计划在五年内投资1460亿欧元发展可再生能源。

风能、太阳能和水利发电

风能、太阳能[58]和水力发电在中国发展得尤其迅速。根据第十二个五年计划目标，到2015年，中国的非化石能源将占到总能耗的11%，到2020年达到15%，以实现二氧化碳排放量减少40%到50%的目标。

许多集体和个人在日常生活中都使用清洁能源。约10%的中国家庭使用太阳能热水器！不到2020年，中国就将成为清洁能源使用最广泛的国家！在接下来的几年里，中国要在风能和太阳能的技术领域超过目前的领先者：欧洲、日本和北美。

例如，在中国西北部的敦煌市，中国要投资建造世界最大的太阳能发电站。

今年，中国的太阳能和光伏电能内需将达到50万千瓦。

中国计划逐步开发太阳能市场：从2015年的500万千瓦电量到2020年的2000万千瓦。即使北京的经济引擎依然主要依靠煤炭来带动，中国已经是世界第一大水利发电国家了！

中国：世界最大的水利发电国家

中国的另一个王牌就是地理条件和巨大的水电潜力。由于希望能提高水电在总产电量中所占的比例，中国正越来越朝向水力发电方向发展，以确保其电力供应。

2009年，随着世界上最大的发电站——三峡大坝的落成，中国越过了水力发电领域的一道大关，显示了中国的决心。

那么，什么是中国能源要优先考虑的呢？

58　2010年，在太阳能光热方面，中国的太阳能热水器系统覆盖率已达到了1.5亿平方米。中国已经占领了太阳能热水器市场和小水电站市场。

- 化石能源的优化；
- 加速发展非化石能源：水电、核电、风能和太阳能等；
- 加强运输网络建设；
- 加快技术创新；
- 强化节能意识，减少空气污染；
- 加强国际合作；
- 推进能源体系改革。

中国银行投资：减少二氧化碳方面[59]

银　行	举　措
中国银行	2010年第一季度：投资2000万欧元，年增长达到两位数。
中国农业银行	2009年，拒绝了83个环保方面项目的信贷申请，但支持了1803个减排项目。
中国工商银行	到2009年，为节能和减排项目提供了共计446亿欧元的贷款。
中国建设银行	到2008年底，投资170亿欧元。
交通银行	2009年，为节能和环保项目提供了64亿欧元的贷款。
兴业银行	2008年10月份，承诺遵守赤道原则，并成为中国首个承诺遵守该原则的银行。
中国开发银行	2009年，为节能和环保项目提供155亿欧元的贷款。

中国在可再生能源领域大量投资：只需要看看中国人建造的大量风力发电站就知道了，就像许多社区和城市所期望的那样，要实现“零排放”的目标。

意识到自己的强大，就如同样意识到自己的落后与弱小、意识到城市化挑战和保护环境的重要性那样，中国正在开始自己的能源转型。由火电站过渡到风能发电，使二氧化碳这一主要温室气体的排放量得到显著减少。

59　来源：中国人民银行、其他相关银行以及梁萌和齐帆的分析，二人是中国人民银行金融研究所研究员。

中国是未来可再生能源的世界冠军吗？它在火力发电和水力发电领域都走在世界前沿。基于大量的气象数据以及全国通用的管理条例，风能发电将能在2030年满足中国的电力需求。

中国在经济领域可以快速做出反应，在其他领域例如可持续发展方面，中国依然表现出众。如果给中国足够的时间考虑，一旦做出决定，中国人的决心是不可动摇的。中国有望实现在2020年可再生能源比例达到15%、2050年达到30%的目标。

中国人知道，他们应该继续发展前进，以获得比今天更好的生活质量：与贫困作斗争、得到更好的受教育机会、医疗卫生等等。这是值得称赞的一大笔赌注！与此同时，中国对“次级碳强度”的认识也尤为真实。

第二章

2020年，中国是世界强国

一　领土和社会

中国是个拥有超过13亿人口的大陆国家，其经济实现了近10%的惊人增长率，并且增长很有规律。

能证明这一突飞猛进的经济增长的统计数据比比皆是。能在经济社会发展方面取得这样的增长和成果，这对于二十年前的大多数中国人和世界其他地区的人们而言是无法想象的！

中国所取得的巨大进步，不应掩盖目前存在的障碍和问题，这些问题会阻碍中国进一步的全面和谐发展。

要通过中长期的努力来加强中国的社会稳定，保持社会的凝聚力，发展购买力，消除贫困，充分保障就业并实现现代化。这是中国和许多其他国家的首要任务！

面对挑战，需要更深层的改革

在近三十年里，中国走向世界，深化改革，以推进可持续发展进程。中国需要安全、均衡和公平的经济增长，要创建一个和谐社会！中国既不希望遇到政治动乱，也不希望出现区域割据，更不希望重蹈苏联的覆辙，造成分裂，打破国家发展的有利局势。

即使把稳定和改革作为重点，中国仍然需要时间来提升整体的国民素质，推进中国特色民主政治。换句话说，在不破坏体制的前提下，中国需要时间！

中国人认为，对于最贫困的人口而言，需要三代人的努力才能最终改善生活条件。对于一个国家而言也是这样。需要时间和毅力！中国已经按照自己独有的文化发展出了社会凝聚力。

中国与世界人权的进步

诚然，在中国，直到2015年，这方面还有工作要做……但事情似乎进展很顺利！中国拥有庞大的人口，并且这个国家是从“零”起步的。1949年，中国大陆处于遍体鳞伤、孤立、贫困甚至被摧毁的状态！

而如今，谁能否认十几年来数亿中国人在基本人权方面的巨大进步？目前，已经有97%的中国人口摆脱了最黑暗的贫困！

对于所有的发展中国家而言，根据他们的历史、财富、领土面积以及人口密度的不同，所要做的工作也不尽相同。体制不一样，通往人类进步的道路也是渐进的。

为了人类进步和实现联合国的八个目标

世界上许多国家都在关注如何消除贫困、减少不平等。对于中国而言也是如此，只不过中国在这些方面还有待提高。

中国有能力在2015年实现所有的联合国千年目标。这些目标包括：减少贫困、保证所有人的基础教育、促进两性平等、改善健康状态、反对歧视、减少婴儿死亡率等等。

然而，消除贫困仍然是我们这个时代的重大挑战，就如同消除饥饿、疾病、无适当居所以及社会排斥等问题一样。此外，促进两性平等、改善健康、倡导言论自由、发展教育以及宣传环保都是同等重要的。这将是怎样的挑战啊！

联合国2015年要实现的八个千年目标

目标1	减少极端贫困和饥饿
目标2	保证全民基础教育
目标3	两性平等和妇女独立
目标4	减少婴儿死亡率
目标5	改善孕产妇健康
目标6	与HIV病毒/艾滋病、疟疾以及其他疾病作斗争
目标7	保证环境可持续发展
目标8	向经济发展的全球合作伙伴关系迈进

联合国的这些计划于2000年由世界各国领导人表决通过。目的是在2015年前将世界贫困人口减少一半。

例如，对于联合国所倡导的目标，在减少婴儿死亡率方面，中国妇女在医院的分娩率由1990年的46%增加到2009年的94.7%。中国的“特困人口”——日生活费不足1欧元，其比例在2010年下降到3.9%。1990年，该比例仍保持在10%。

“中国成功使数百万人摆脱贫困的创举是史无前例的。它有希望在2015年之前实现联合国的所有千年发展目标。”

这些话并非出自中国官员的口中，而是在2010年由一名联合国高级官员发表的[1]。

二　中国的政治体制

中国，全称为“中华人民共和国”（首都是北京），在中国共产党（PPC）和毛泽东的领导下建国于1949年10月1日。建国之后，中国

1 网站：www.cyberpresse.ca，根据联合国北京协调员蕾娜塔·德萨利安女士的讲话。

先后在1954年、1975年、1978年和1982年颁布了四部宪法，并多次修宪，最后一次是在2004年。

1982年宪法体现了前领导人邓小平要建立持久的国家政体的意愿，以确保实现稳定、现代化、体制改革和政府结构调整。该宪法强调权力调整和公民权利和义务（宗教信仰、18岁享有选举和被选举权等），以纠正过去的错误（“文革”）。

在地方选举制度中，公民选举出他们的代表，然后由这些代表投票选举更高一级的代表，最终直到国家级代表。在最高一层，大部分代表由中国共产党选举产生。在2004年3月14日的修宪中，投票通过了私有财产权[2]和尊重人权[3]的法案，由国家保障这些公民权利。

一国两制

中国的政治制度包括立法编纂的权力、政治体制和政府机构。国家权力一方面由国家机构掌控，另一方面由中国共产党机构控制。后者则起着主要作用。

中国共产党总书记以及拥有9个成员的政治局常委，是中国政府整体的首脑。下级要执行上级的决定——鉴于国家的庞大、人口的多样性以及省级政府的相对自主性，这一原则确保了自上而下的稳定。

中国共产党代表大会每五年举行一次，每次持续十几天。会议选举出其后五年的中央委员会，该委员会每年至少召开一次会议。它将选举出总书记、政治局委员，并按照最高领导人的指导方针通过政治

---

2 “合法获得的私有财产不可侵犯”。

3 1998年，中国签署了公民权利和政治权利国际公约。这一国际协定具有法律保障。与世界人权宣言不同。

局的建议。中央委员会目前有198个成员。

全国人民代表大会行使立法权。全国人大每年至少召开一次会议，有大约3000名代表出席。全国人大指定共和国主席、副主席和总理，行使修宪权利。每个村、市和省份都有一个人民代表大会，并由该议会选举产生更高一级议会。

国务院是行政机关。它由总理主持，同时也包括了政府机构和部门的负责人。大约有50名国家事务委员会委员。2011年，由温家宝总理领导国务院，他同时也是中国政府首脑。

最高人民法院是中国法制体系中的最高法庭。而最高人民法院院长须由全国人民代表大会任命。许多其他司法机构均服从最高人民法院。

中华人民共和国主席任期为五年，可连任一次，即最高任期为十年。自2002年11月起，胡锦涛担任国家主席。主席由全国人民代表大会选举产生，他代表中华人民共和国。他通过全国人民代表大会常务委员会颁布法律、任命国务院成员、批准条约、领导国家事务等等。全国人大可以罢免该主席的职务。当胡锦涛在2012年卸任时，由全国人民代表大会主席团推举其继任者。

两个主要的年度会议：每年3月，中国将召开全国人民代表大会和中国人民政治协商会议[4]。中国最重要的活动和问题将在两会进行讨论，包括社会、政治和经济等方面。

如果说共产党和立法机关确定大方针，那么则由国家政府部门贯彻实施所颁布的政策。同样，各省份一方面由中国共产党委员会领导，另一方面由当地政府部门领导，也由省长和地区政府领导。中国的省区拥有辽阔的地理面积和众多的人口。各省区都细分成更小的区域，市（相当于法国一个省的大小）、县、乡镇、村庄或居民区。

4 中国人民政治协商会议是一个协商会议。它由共产党组织代表以及八个其他党派代表组成。

中国的行政区划

由于中国的特殊性，总体而言，中国宪法将中国分为以下几部分行政区域：省、自治区、直辖于中央人民政府的直辖市和特别行政区。

然而，这些行政区划在我们看来可能较为复杂。整体而言，我们可以说，中国有四大主要行政区域级别：

- 省
- 地区和大城市
- 县（人口和大小相当于法国的省）
- 乡镇

中国目前拥有23个省[5]，5个自治区[6]，4个直辖市[7]以及2个特别行政区：香港和澳门。

三　中国政府的远见

中国以其独特的国际视角，对世界和其演变另有见解。例如，对中国人而言，金融危机则是一个飞跃和成功契机！

中国的视野是务实的、有层次的、同心的——即以文明为中心。它有一个多极化的世界观，将自己作为地球系统的一部分。它的直觉将其引向稳定与进步。

5　中国大陆有22个省，台湾是第23个省。

6　广西、内蒙古、宁夏、新疆和西藏。

7　重庆、北京、上海和天津。

中国政府的三件大事

就其短期目标而言，中国未来的国内政治可以从三个主要方面来定义：

- **国家的可持续发展与长治久安**；
- **经济持续增长**，在技术、社会和环境方面落实重大方针；
- **现代化，改革和社会稳定**：更均衡的经济增长和促进人权的进步。

为实现其目标，中国政府希望能在“把握主导权”的同时，将中国放在一个可以改革、协商、允许公民参加国家日常事务的开放环境中。这就意味着更高的透明度、民主参与度，意味着与人民沟通、通过不同的方式聆听人民的意见（如调研、专家意见、协会、多样的地方组织、基金会、广播电视的谈话类节目、报纸和网络等等）。

国家决策者的权力

政府全权领导整个国家，控制国家的经济、货币和领土政策，实现国家的发展和实施社会改革。其经济增长和法律为国民服务。

如果说中国与别的国家有什么不同的话，首先一条就是：中国是由中国政府（在协商组织的帮助下）有计划地来引导、建议和管理国家的改革。

在近几十年改革的鼓励下，的确是私营部门在推进经济增长，然而从更长远来看，却是由政府来引导、激励和控制整个体系的。

中国政府的作用：政治远见

在许多其他国家里，则是世界经济金融体系中那只著名的“看不见的手”[8]直接或间接地控制或影响着国家和地区的政策。

这些国家的战略发展有时会出现短期的纠纷或者决定，往往重创正在进行的改革、重大项目或者工程。

长期以来，这两种观点大相径庭。二者相互对立，争论不休。政府应该更多地干预还是更少地干预？有多少宣言和规定会随着选举、调查、计划等等而变化、更改？

西方舆论和中国的规划

考虑到西方舆论的力量以及突发现象的出现，能实现合理平衡的中间路径（包括预测和干预经济事务）仍有待发掘。

最近的经济和金融危机迫使我们重新思考，建立新的游戏规则和发展战略，促进经济增长、人类进步和长期稳定。

不稳定经济中在短期内交替出现的矛盾信息迫使我们要有更长远的目光，实施一些有研究实验基础的项目。

预见能力、创造精神、改革、规划和务实是中国发展目前的几大优势所在。

中国的对内、对外开放政策使得机制规划改革成为可能。然而，尽管有开放性政策，政府的作用依然是决定性的！

8 “看不见的手”，由苏格兰哲学家和经济学家亚当·史密斯（1723年6月5日－1790年7月17日）首先提出这种说法。他认为，个人利益所驱使的行为可以产生共同富裕和共同利益。

不稳定世界的蝴蝶效应

。

“蝴蝶效应”是千真万确的。它是指这样一种现象：地球上某处的一粒沙子有可能对世界的另一端造成影响。

某种原材料价格的上涨、某个农业产区的干旱以及某处的家庭消费指数，这些是再平常不过的局部事件了，但它们却具有国际影响力，影响着我们的世界经济。

在全球不稳定性和市场的不可预测性盛行的背景下，决策者们又希望目前的行为能给我们带来更好的未来，于是就在各种政治、经济策略间摇摆不定，从备选答案中做出抉择。

如何进行中长期的投资呢？瞄准目标！不要被眼前的风云变幻困扰！通过制定长期的战略，我们将不再受制于走走停停的政策（即不断被推行又被废止的政策），我们可以通过留有余地的杠杆操作来构建对未来的预测。

四　一个发展中国家

对一个拥有13.7亿人口的国家而言，任何一个摆在中国官员面前的小问题都是重量级的。这的确令人伤脑筋！

中国，一个发达国家还是发展中国家

当看到了中国令人难以置信的成功，看到了它的金融实力，看到了它那超过所有其他国家的稳步增长的经济，以及一些大型城市和省份经济的飞跃发展（如：北京、上海、广州、重庆以及沿海地区），我

们不禁要问这样一个问题：中国现在仍然是一个发展中国家，还是已经成为一个发达国家？

中国的人均GDP水平告诉我们，中国距离那些已经完成工业化进程的国家还很遥远，还要再等几年。

尽管中国的发展状况具有代表性，但就目前来看，悖论仍未消除。作为一个世界大国，中国正在创造越来越多的财富。

中国悖论：强大而脆弱

然而中国和中国人民必须处理好环境的可持续发展、各省份和社会阶层间的差距以及诸多类似的社会问题。

这就解释了在讨论中国内部问题时，一些领导人的讲话中所带有的那种现实主义口吻，有时甚至带有谦逊的态度。

中国仍然是一个尚未完成工业化的国家，尽管越来越强大，但它终归是个发展中国家。

中国在如此短的时间内达到这样惊人的发展程度，并展现出其未来在财政、人力资源、创造力、现代化和经济增长等方面的巨大潜力，这足以使中国人为之自豪，也正是中国的强大所在。

中国的脆弱则表现为它目前所面临的诸多挑战：领土、人口以及落后等问题。中国需要快速应对这些挑战，在既不遏制其开放政策又不违背国民愿望的同时，加快改革步伐，实现国家均衡、和谐发展。

在诸多问题中，这些与发展问题相关的因素是中国需要考虑的核心问题。

中国首先要解决以下几大问题：提高人民生活质量、减少贫困人口、就业、教育、卫生、提高经济质量、环保等等，同时要充分保证其领先的国际地位。

当一个国家或一个民族有发展的意愿或政治需求，或者正经历着重大变革的时候，制定计划可以帮助他们实现既定目标和改革。

自从三十年前由邓小平同志开创实施了改革开放政策以来，新中国就选择了计划发展的道路，这条路从整体上讲是成功的。

1976年10月份，随着“文化大革命”画上了句号，中国进入了一个新的发展时期。而后于1978年举行召开了中国共产党十一届三中全会[9]，在这次会议上确立了对内改革对外开放的政策，改变了国家的重大方针，也改变了中国的未来，成为中国历史的转折点。

五　第十二个五年计划

中共代表大会和五年计划在中国国家政策的制定上发挥着关键作用。其主要政治意向是在准备会议中通过的。

五年计划概述

中国的五年计划和代表大会是互为补充的。它们使中国的政策得到校正和协调。

2006年通过了第十一个五年计划，直到2010年。中国共产党第十七次全国代表大会在2007年10月召开，其后又召开了多次会议。这两大事件决定了中国未来的发展方向。

距离将要在2012年10月召开的中国共产党第十八次全国代表大会

9　中国共产党第一次代表大会于1921年在上海召开。从1956年开始，该会议每隔五年召开一次，时间选在10月或11月，地点在北京人民大会堂。

已经不远了，第十二个五年计划（2011—2015）也已开始，中国的未来又将如何？

正在实施的政策

2006年方针：中共产党第十七次代表大会的十个关键词

1.科学发展	6.民主和公民
2.尊重人权	7.反对腐败
3.首创国家	8.生态文明
4.资本市场	9.和平解决台湾问题
5.社会构建	10.和谐世界

中国的五年计划指导着国家发展目标，同时为满足中国的需求提供基本依据。

所有的"五年计划"在中国的发展进程中都起着关键作用，2011年的也不例外。中国政府2011年工作的重中之重是减轻通胀压力。中国政府将GDP的增长率锁定在8%[10]左右，在未来五年内保持在7%的水平。这一增长速度与过去五年相比要有所放缓。

中国总理温家宝在2011年3月的全国人大上发表讲话称，有必要增加社会投入，控制通货膨胀，消除这一导致人民不满的因素。在未来的五年里，通货膨胀率要控制在4%左右，预算赤字限制在GDP的2%以内。

中国国家主席胡锦涛在会上强调说，还必须保障和改善人民福利。

中国应确保经济稳步增长，以促进可持续发展进程，同时要避免

10 根据中国社科院研究员张洲源2010年预测分析。

经济过热以及其他在经济飞速发展过程中会出现的问题。

“十二五”计划的基本内容[11]分为十二个部分，其中包含了加速经济发展模式转型、扩大内需和促进农业现代化等内容。该计划还提出要在未来五年里建立现代化工业体系、实现各地区协调发展以及建立一个节能、环保型社会。

2011年到2015年改革的加强

在第十七届中国共产党中央委员会第五次会议上，“十二五”计划被确立主抓以下几方面问题：

- 相对快速而又稳定的经济增长；
- 加速经济转型；
- 快速提高居民收入水平；
- 实施社会改革；
- 深化改革开放。

中国正处在一个重要的战略时期。在此期间，中国既迎来了历史性机遇，同时也将面对诸多可预见或不可预见的风险和挑战。

“十二五”计划是至关重要的，它将进一步带领中国走向工业化国家，这是其首要任务。

中国将致力于发展技术、产业结构和体制的创新，以应对有限的资源和环境所带来的挑战。

11 来源：french.china.org.cn。

六　2011到2015年间的中国

面对国内外的限制和约束，在未来五年里，中国要走一条新的工业化道路。“十二五”计划的首要任务就是，将中国建设成为一个现代化工业国家。

体制创新和调整

因此，必须强调产业创新、产业优化和体制调整。例如，大多数省政府和地方政府主要关注GDP的快速增长和税收收入的增长，不惜采取限制劳动力成本、与外资进行土地交易以及减少进口税收等策略。

现在看来，这些策略是不合理的，因为它们会导致局部生产过剩、不合理竞争以及各地区产业结构的互相抄袭，最终呈现出产业单一、地区优势和地区差异丧失的状况。

中国要对实施开放性政策以来所形成的发展模式进行调整，以消除以下两种倾向：过度投资和外源性经济增长过度。

与此同时，中国还要继续更新产业结构、重点建设金融体系以及消除城乡结构的二元性，以促进政府改革，完善社会保障体系。

“十二五”计划还应包含加快七大优先产业的创新和发展，重点放在改造和创新上，要从“中国制造”变为“中国创造”。

中国2011到2015年间五年计划的建议

缩小贫富差距：在2011年到2015年间，中国希望通过改善收入分配机制来缩小贫富差距，即在减少不同地区和部门的城乡收入差距。

中国的目标是增加居民收入。而要实现这一目标，中国将致力于促进就业、提高最低工资标准、确保工人工资及时发放以及加强税收对超额收入的调控作用。如果可能的话，中国还将改善员工的工资发放机制，深化公共机构雇员的收入改革。

2011年到2015年的七大战略产业：中国要建立和发展七大战略产业，这些产业将在未来五年里享受优惠政策。这些产业包括：新一代信息技术产业、节能经济、生物科技、高档设备制造业、新型材料以及新能源汽车等。

增强中国文化“软实力”：中国预计要在2011年到2015年里在世界范围加强文化宣传。

中国要进一步发展文化宣传和文化产业，建立公共文化系统，并将重点放在中西部的农村地区。中国还将采取措施加强信息媒体建设。

中国还要注意加强对新媒体的监管，以更好地实现文化交流。

中国将给予非营利性文化组织更多的支持，同时积极保护文化遗产。中国希望通过创新改革来增强文化的国际竞争力和影响力。

更好地保护工人权利：中国希望加强劳动法的实施力度，健全冲突的解决机制，改善工作环境以及保障工人权利。政府、工会和企业应该发挥各自的作用，建立有效机制，使工人与企业达成共同利益。

刺激国内需求，保持经济均衡发展。

中国想继续实施扩大内需政策：通过消费、投资和出口来刺激经济增长。

更加对外界开放。

中国无疑将把发展目光投向国外，在未来五年里继续推行开放性双赢战略。

中国将更加对外开放，尤其是在进出口方面，在吸引外资的同时，也向国外投资。

2011到2015年间的其他目标

- 中国将设法刺激外需，其目的是优化出口产业结构，提高其技术、品牌、质量和服务等的竞争力。
- 同时也要鼓励进口，以维持宏观经济贸易的平衡，也为了促进经济发展。
- 中国要提高对外投资的质量，优化投资分配，同时给外国投资商提供更灵活的环境：合法利益和权力。
- 中国将加快实施“走出去”战略，支持中国公司在国外投资，并提供更多的服务和指导。
- 中国将发展建立国际化的金融机构和公司，加强人民币在跨国贸易和投资中的作用。
- 中国将积极参与全球经济管理和区域合作。中国将以各种形式抵制贸易保护主义。
- 中国要加快实施自由贸易战略，同时加强与新兴国家和发展中国家的合作。

“十二五”计划的一些其他建议

“十二五”计划的一些其他建议
创造就业，提高人民收入，改善居住环境，建造社会住房，保障社会稳定。
城市建设与发展。增加森林资源。90%的野生动植物受到保护。
优先保障电力。发展核电。
减少二氧化碳排放，治理有污染的工厂。
到2015年逐步覆盖70%的医疗费用（个人只需支付不到30%），建立老年人社会保障体系，为80岁以上的老人提供补助。
更公平的税收制度，让富裕阶层的人缴纳更多的税。
让农民工融入大学教育。发展西藏和其他自治区的高等教育，改善城乡环境。
鼓励中国出版物的国际化。
经济增长速度最低8%。提高经济增长的质量、效率和持久性。

中国现代化的新阶段

中国将过渡到其现代化进程新的历史阶段：新技术、社会公平、个人自由、资源经济、清洁能源、环境、对外开放等等。是否会为我们呈现一个新的中国呢？

总之，中国的“十二五”计划的目标是：基于中国目前的发展状况，把国家建设得更加现代化、更加强大和自主，同时还要出台相关社会政策，解决中国广大人民群众最关心的问题。

五年后的中国社会是什么样的？当然，它将是一个非常现代化、更加公平、技术更先进以及生活更舒适的社会。中国将努力解决现有的问题，以确保社会经济稳步发展。

七 中国人的当务之急

在中国的许多省份，GDP的增长被作为经济发展的第一标准，盛行“速成”政策和“即时利益”政策，造成了资源短缺和环境恶化的后果。在经济结构中有五个“不平衡”需要特别指出：

● 储蓄率很高，消费率很低；

● 经济增长过度依赖第二产业（集中在原材料加工领域），而第三产业（制造业和服务业）发展滞后；

● 投资结构不合理，资源消耗过度，科技创新率低；

● 可持续发展要与资源、环境和生态相协调；

● 最后，收入差距拉大：基尼系数[12]已经超过警戒线，并且还在继续增长。如果经济增长速度过快，将很难解决不平等问题，经济结构调整将受阻，同时还会加重通货膨胀。

针对这些问题，中国政府最近采取进一步措施来实现经济结构调整，如：废除已淘汰的生产方式、取消对高污染产品出口税的减免（尤其是自然资源密集型产业）、加强节能、减少原材料的使用、提高最低工资标准以及最后的实施房地产调控。

八 短期内的十大经济预测

2011年是中国第十二个五年计划的开端。在宏观经济领域，还存在很多疑问：经济增长、物价波动、房地产、收入税收改革、创设土地税、新兴产业的潜力等等。以下是对2011年中国经济的十大预测。

12 基尼系数：衡量某一特定社会中收入分配公平程度的指标。这一系数是由意大利统计学家基尼创造的，故得名基尼系数。基尼系数数值在0到1之间变化。0表示居民之间的收入分配绝对平均，即人与人之间收入完全平等，没有任何差异；1则表示居民之间的收入分配绝对不平均：例如，一个人占有了全部收入，其他人一无所有，这是一种极端情况。

9%的经济增长：2011年将出现较快的发展，经济增长率预计会达到9%。消费、出口和固定投资将持续增长。由于通货膨胀和货币紧缩政策，消费和出口的增长速度会有轻微回落。但作为第十二个五年计划的头一年，固定投资无疑会维持20%的高增长率。
通货膨胀率控制在4%到5%：在工业生产方面，供过于求。在2011年不会出现需求过热的现象。但是有两个因素会导致物价上涨：其一是延期效应，2010年11月估计会有4%的通货膨胀；其二是进口增多。劳动力成本的上涨也会推动农产品价格的上升。2011年的物价消费指数将攀升4%到5%。
改善经济结构的积极预算政策：2011年，中国将推行积极的预算政策。由于经济趋于稳定，2011年的财政赤字将减少2.5%到2%。实施预算政策的目的是要调整经济结构：建设社会住房、西部大开发、发展新兴产业等等。
“三率”的提高：2010年，利率、准备金率和汇率都发生了变化，并且趋势将持续到2011年。为了更好地控制通货膨胀，中国中央银行将继续提高利率。如果有必要，准备金率将提高到20%。人民币汇率将上升约3%，以确保收支平衡。
收入分配政策改革：近些年来，中国人民的收入差距越来越大，引起了全社会的广泛关注。中国人民需要合理的调整收入分配。增加个人收入在国家收入中的比例是改革的重点。
“两税”改革：个人所得税改革和土地税的设立是中国经济改革中的两件大事。2011年，个人所得税征收下限将提高，税率将下调。上海成为土地税的试点城市。2011年的征收范围仅覆盖全国少部分地区。
住房价格控制：中国政府将介入控制房地产，并加快建设社会住房的步伐。由于调控效果并不甚明朗，中国政府将实施政策进一步打击投机行为。通货膨胀预期使得房地产现状变得更为复杂，并且利率的提高增加了该领域投资商的成本。2011年，住房价格的涨幅得到控制。
地区发展计划：两年来，中国政府实施了一系列地区性社会经济发展计划。从战略角度看，区域性政策目的是实现多极经济增长，支持边远地区的发展，同时也为了完善公共服务。在内蒙古自治区、河北省以及中国西部地区都将出现新的发展项目。
中国贸易顺差明显下降：从2010年1月到11月，中国的贸易顺差总额为1240亿欧元，比2008年和2009年要低。2011年，中国中央政府建议要稳定内需，增加进口，尤其是在高科技和环保领域。2011年的贸易顺差将明显下降。
加速新兴产业的发展：2011年，新兴产业发展的详细计划将付诸实施。环保、信息技术、高端设备制造、新能源、电力汽车和高铁等产业将成为经济增长的新动力。

九　快速的城市化

中国的城市化早在4000年前就已经开始了。1940年，中国有69个大城市[13]，而到了2007年，由于农村移民的增多和小城镇的扩张，这个数字已经翻了十倍还要多！

九十个城市人口超过百万

中国的城市化发展趋势非常显著。

到2025年，中国将拥有221个超大城市。直到2015年，每年都会有数以千万计的农村人口迁往城市。

如此大规模的变化将导致人们生活方式的颠覆：工作场所、交通方式、居住环境以及消费理念都将改变。

要在保证生活质量的同时加快城市化进程，这将是重要的战略性手段。也就是说，要营造良好的环境，保持经济长期、稳定、快速发展，建立新的城乡关系，促进城市建设，构建和谐社会。

2025年，中国将有十亿城市居民

面对这一挑战，中国必须圆满完成城市化进程。这就需要高度重视城市规划，节约能源，遵循新的城市发展理念，用现代化的基础设施为市民提供舒适的环境和便利的交通，创造更美好的生活。

2008年，中国的城市化率已达到45.68%。预测显示，2015年，该

13 来源：世界银行："中国的快速城市化：优势、挑战和战略"。

比率将超过52%，2020年超过57%，而到2030年将超过65%！

中国的高速城市化预计将一直持续到2016年[14]，之后会继续发展，但速度会明显变缓。2030年的城市化比率相当于1%的人口增长：每年1400万人。

这意味着每年创造一个大城市出来！或者说每隔十二个月就建造出一个类似莫斯科、伊斯坦布尔或布宜诺斯艾利斯这样的城市……

这一预期同时意味着真正的挑战，因为这样高速的城市化势必花费不菲，并且会导致房价飞涨。

另一方面，城市间的竞争也会愈演愈烈。同时还需要顾及中国的发展目标：提高生活质量，发展基础设施建设，维护环境的可持续性……

中国城市化的四个成功因素：

- 地方分权政策，公共事业权利下放到地方政府；
- 城镇贫困人口比例和失业率维持在较低水平，约为总人口的4%；
- 那些在发展中国家的城镇中数目众多的贫民窟[15]在中国不存在；
- 节约使用土地，中国的城市约占用国土面积的4%。

与未来的超级城市化有关的关键因素与决定，都与政府的行为密不可分。如何合理分配资源和成本？社会保障、行政管理和住房价格的成本又是什么？

要想取得成功，实现既定目标，中国就必须在高速的城市化进程中保证八个层面的控制：

- 降低行政成本；
- 确保大城市间的平衡；
- 促进基础设施建设，发展交通运输方式；

14 中国社科院在“2011–2016年宏观经济蓝皮书”中的预测。

15 相比之下，如果不采取任何措施，到2050年，世界贫民窟人口将到达30亿。这是2005年在联合国人居署（联合国人类住区规划署）第20次会议上做出的预测。

- 在全国建立社会保障体系；
- 建造价格适中的住房；
- 在城市中创造和谐的生活环境；
- 继续推行大胆的环境政策；
- 缩小贫富差距。

房地产的调控将给经济增长提供一个更稳定的基础。

限制房价过快攀升的政策将继续施行，甚至会有所增加。为了实施新的政策，改造中国目前的房地产经营模式，中国将采取一些鼓励措施，实施住房补贴，让年轻人也有能力买到房子。

城市化水平和工业化水平

刘志峰说："中国的城市化水平远远落后于工业化水平。"的确，在某些地区的城市化过程中，土地仍存在被征用的可能，甚至还有一些耕地被征购。而这也将导致土地城市化先于人口城市化，将造成可用土地或者耕地的失衡与浪费。

对于建筑质量、材料、资源和污染等问题，如果没有规划和城镇管理，城市环境将承受巨大的压力。

过快的城市化致使出现了许多问题：成本问题、水电问题、交通堵塞等等。同时还要采取配套措施，解决农村问题。

令人印象深刻的大都市

中国的新兴城市令人印象深刻。它们通常绵延数公里，有笔直的公路和优美的高塔，美得令人眩晕。

重大项目工程的实施一直延续到最边远的地区……要想成功实现城市化，就需要高度重视规划，节约能源，遵循新的发展理念，创造更好的生活和更便利的交通。这是中国下的一个赌注！

十 大胆的建筑

当全球都陷入建筑竞争当中，并热衷于建造大胆的高塔和摩天大厦的时候，中国并没有在成就和项目上落后，这称得上是一场无国界的竞争！

一个大型城市实验室

无论是在香港、北京还是浦东（上海商业区）或者像深圳这样的中国其他的城市，中国都非常偏爱兴建高楼和高塔。

中国成为了大胆的城市建筑的实验室，中国和世界的建筑师们在这里竞相展现其创造力。

这些城市在高度、宏伟的设计和技术实力上可以与曼哈顿相媲美。

近期的成就

中国国际信托投资公司（中信）在上海的总部就沿用了大胆的建筑设计理念：两座“孪生”的50层建筑环绕着两座较小的塔楼，波浪的形状令人联想到海洋，就像一艘远洋的班轮。

中央电视台[16]是近代建筑中的伟大成就之一，它似乎要打破万有引力定律：两座反“L”形的大楼高耸入云，在最高点相接为一体，椭圆形的窗户明亮而干净。

还是在北京，在众多宏伟的建筑中最值得一提的就是北京新的歌剧院，是由法国设计师保罗·安德鲁设计建造的。这一位于市中心的穹形建筑坐落在湖中央。它包含三个可容纳5000人的大厅，分别用于表演舞蹈、戏剧和音乐。

还有中国香港的汇丰银行大厦，它高达305米，两个伸出的“桅杆”高达367.4米。同样是在这个城市的国际金融金融中心大厦高达416米，是世界上最高的摩天大楼之一。2010年完工的国际贸易中心高达484米，它也同样坐落在香港。

十一 新的发展趋势

要全面建设小康社会，“十二五”计划还将面临诸多挑战。

中产阶层的规模正在以惊人的速度扩大。城市化将为国内需求提供广阔的空间，加速城市化进程也将成为经济结构调整的一部分。

中国要清醒地看到快速的城市化所带来的问题与挑战，以更好地控制其发展方向。

在中国的大城市中，有十个城市已经或者即将拥有超过1000万的居民：北京、上海、重庆、深圳、天津、成都、武汉、广州、杭州以及西安。

如今的中国似乎没有什么不能实现的，然而考虑到中国雄心勃勃的目标和所面临的挑战，大规模的城市改革将不会一帆风顺。

与此同时，中国政府还要考虑到城乡平衡以及西部边远地区的发展。

16 中央电视台（CCTV）：中国国家电视网和国际电视网，拥有二十多个频道：综合频道、体育频道、教育频道、经济频道、电影频道、戏曲频道、综艺频道、科教频道、国际频道等等。

十二　开发新中国

新中国的现代化在全国范围内展开。如今，在宁夏回族自治区的永宁县这样偏远的城市，居民也能够喝上干净的饮用水了。

这里的居民过去一直喝不上干净的饮用水，因为该地区的水中氟、铁含量超标。而西部大开发同时包含了政治、经济和社会等各方面的政策。

中国的东西部再平衡

中国的目标是缩小东部沿海发达地区与西部欠发达地区的差距。

也就是说，要更进一步发展中国，尤其是向西部地区进军！

因此，除了在中国最发达地区现有的工程项目以外，还要在其他地区实施新的大规模的建筑工程和城市规划项目。

中国的西部大开发

在各个领域都将开展重大工程项目，以进一步扩大内需，促进西部地区稳步、快速发展。

与东部沿海地区相比，西部属于欠发达地区。2010年，在发展与改革项目上，中国国家委员会预计拨出780亿欧元预算。

相关项目数目众多，覆盖省市包括湖南省长沙市（靠近广东省）、云南省昆明市（靠近缅甸和越南）、四川省乐山市和江油市、贵州省贵阳市（靠近重庆市）、陕西省西安市（位于中国中部平原）等等。

23项重大项目正在实施

中国的西部现代化计划包括各方面工程建设，例如诸多与快速通讯有关的工程项目：修建现代化铁路线、修筑国道、高速公路、机场、水电站或太阳能发电站、风力发电站、民用核电站、直接供电网、露天矿山煤田、农田灌溉系统等等。

中国西部地区人口仅占总人口的23%，但这片广阔的区域却蕴藏着丰富的矿产资源。

中国西部：丰富的资源和能源

中国大陆的这部分区域同样拥有丰富的能源资源，如水电资源，还有丰富的旅游资源和耕地资源。发源于青藏高原的河流能够提供近7亿千瓦的电能，中国的水力发电量因此而位居世界第一。

对于中国公司和外企而言，中国西部地区将带来新的发展机遇。

西部地区是中国对内计划的优先地区，政府要在西部的基础设施建设上投资5000亿欧元。

中国西部地区将逐渐摆脱落后

从2000年到2009年的十年间，在中国的西部大开发进程中，已经相继完成了120项新的重大工程项目。

在这方面的投资是非常巨大的。尽管西部地区目前仍然很落后，但这持续不了太久！西部与东部地区的经济合作以及与国外的贸易往来才刚刚开始。

十三　重庆，西部之都

西部的门户——大都市重庆。

直辖市[17]重庆距离北京2551公里（2个小时的航班），与其西部山区特有的壮丽风景完美融合在一起，故被称为“山城”。

每年有50万人来到这里

由于这个大都市道路过于屈折起伏，重庆的街道上很少能看到自行车！每年会有50万人来到这个大都市里（相当于瓜德罗普岛或卢森堡的总人口数量），这里有超过3200万[18]的居民，相当于沙特阿拉伯和伊拉克的人口数量。仅重庆市郊就拥有2500万人口……

重庆——新的商业通道？这里有免税区，是中国东、西部重要的十字路口。

西部发展必不可少的纽带

这个现代化的大都市在世界上并不出名，但它却在飞速发展着。根据其投资计划，重庆将延长其机场的飞机跑道，以迎接大型客机的到来。

由于这里能提供优惠的税收、原材料和廉价的劳动力，有165家外国公司在重庆安家，其中包括71家法国公司！[19]

17　北京、上海、重庆和天津是中国的四个直辖市，与省同级。其行政区域不再归所属省份管辖，而直接由中央政府管辖。

18　2010年城镇居民近800万。

19　来源：www.tribune.fr。

一个国际化工业城市

重庆位于世界最大的人工湖畔，到2015年，这个工业城市希望能吸引100亿欧元[20]的外资。

法国的许多大企业都做出战略性决策，要在重庆扎根发展，如家乐福、拉法基、苏伊士环境等。

电子制造商富士康国际控股公司和全球电脑制造商惠普（HP）公司正在计划联合投资20多亿欧元[21]在重庆市郊区兴建一个笔记本电脑生产厂。

重庆已经决定给予这两家公司15%的税收优惠，比通常税率低10%。这是三年内惠普集团（已经在上海安家）在这个中国西南部城市的第五次巨额投资。

重庆也是世界摩托车生产中心，该产业在2011年创造GDP的16%。邻近三峡大坝水电站的内河港旁矗立着摩天大楼。

凭借其现代化的基础设施、规划合理的工业园区、数量众多的住宅区和丰富的能源，重庆必将成为中国开发西部的先驱。

似乎没有什么能阻止重庆的飞速发展！

实验性改革试点地区

如今，在中国有九大实验性改革试点地区，重庆就是其中之一。位于中国东北的辽宁省（毗邻朝鲜）省会沈阳[22]也是一例。而第一个改革试点地区却在上海，这里是中国经济和金融的中心。

---

20 来源：www.tribune.fr。

21 来源：《人民日报》。

22 这个地区的主题是“新工业化”，重点发展服务于工业革新的信息技术。辽宁省是中国工业战略部署的一部分，这里拥有自然资源、石油、矿产资源、煤炭以及肥沃的土地。

中国的西部大开发必然是成功的，就像经济特区的成功一样，因为它们都拥有无限的机遇。

如同美国向西部发展一样，工业发展所必需的资本来自于国家活跃的商业。必须像中国那样，有开拓精神。美国从欧洲危机中获益，中国同样从2009年到2010年的经济金融风暴中得到机遇。

在这个充满经济活力的时代，西部地区面临着新的机遇。

然而，与人们通常所认为的不同，即使这些工作在过去看来非常艰苦，但中国人不会再像“奴隶”那样工作了！诚然还有需要改进的地方，比如执行更严格的工作时间制度，更加注重工人工作安全等等。但一切都在飞速变化着，只需要来中国一趟就足以证明这一点！

中国仍将继续飞速发展，中国人民的生活水平也将快速向欧洲靠拢。

十四　新型社会

从城市到乡村，从北部到南部，从东部到西部，中国到处都充满着惊人的能量。中国的发展日新月异，活力和创造力是这个社会的标志。

消费巨大的社会

中国都有什么在变化？整个中国社会都在发生着改变，包括现代化的巨大变革。

中国步入了消费时代，中国商店和连锁店的数量在欧洲是无法想象的，无论是在市中心还是在郊区，大街小巷的商店从早到晚都在营业，繁荣异常……

3亿中国人的“世界目标”

超过72%[23]的中国人希望赚更多的钱，63%希望到国外旅行，55%希望中国成为世界第一大国，53%的中国人希望拥有一辆名牌汽车……每年有3亿中国人外出旅行。

2010年，中国人在国外消费了350亿欧元。拥有一栋别墅或者至少一间漂亮的公寓，这已经成为人们共同的目标，并越来越被中国的中产阶层所接受。

与经济同步发展的社会

在追逐时尚、品牌和新事物的同时，人们也在掏空自己的钱包……对于中国人而言，消费、娱乐和更好的生活，这象征着财富、尊严和社会地位。

但即使他们变得越来越自主，中国人仍然保留有其自身的“高卢”特质：好客、爱玩并善于交际。中国社会总归是朝着“和谐社会”的方向发展。无论是在家人之间、朋友之间还是同事之间，中国人无时无刻不在发展他们的社交网络。

中国人开始越来越多地在集体中或者朋友间表现自己：他们逛马路看橱窗，寻找折扣或者甩卖，购买奢侈品；他们在网络上和工作中表现积极活跃；他们经常到餐馆就餐；他们喜欢制定计划，出门旅行；他们在漂亮的公园里散步；他们参加各式各样的社交活动，文化活动和体育运动。

中国在变化，不仅是年轻人，老年人也开始享受安逸的生活，有

23 来源：《人民日报》：french.people.com.cn/VieSociale/7198052.html。

时还与孩子们一起乘飞机旅行。

中产阶层蓬勃发展

谁能预料到如此巨大的变化呢？整个中国和中国社会都在发生日新月异的变化！这对西方国家而言是难以想象的。中国在各个领域都在以惊人的速度发展着！

中产阶层正在以前所未有的速度发展……在2011年，人们已经完全看不到2000年的中国的影子，甚至与2005年和2010年的中国也大不相同。

我们10年来每三年就会到中国做一次访问，这使我们见证了这个国家的发展：我们在这个国家所经历的、所看到的和所感受到的都已经成为了过去……当然，每次来到这里，我们都会找到曾经的地标建筑和老朋友们，但是中国，它的基础设施、它的规章制度、中国人的生活方式以及他们充满活力、积极的心态，这些都完全与以往不同了！每次来到中国，我们都会看到许多大大小小的变化，中国人的生活也因此而变得更加舒适和便利。

另一个挑战：庞大的人口数量

中国是地球上人口最多的国家，如果到2015年，中国人口增长到了15亿，那么它将面临人口逐步老龄化的挑战。目前，中国的就业人口仍处于高峰阶段，并且会维持十几年的时间。

到2020年，中国将拥有丰富的劳动力资源，得益于这一有利的人口环境以及国家的经济发展，老年人口的物质生活和精神生活将能够得到保障。

到2015年，中国的就业人口将达到10亿人的最高峰！而后将逐年减少。

与老年人相关的服务业在中国发展迅速。中国的人口老龄化预计会在2030年左右达到最高点，并将持续20年的时间。到2040年，如果按照这个趋势，中国将拥有近4亿老年人。

中国一直在实行计划生育政策。然而，为了更好地控制出生人口，以实现中国人口的整体均衡，预计在未来几年内，中国将执行因地而异的计划生育政策。因此，中国要为迎接人口老龄化做好准备。从1990年开始，中国政府就已经在关注这件事了。

这就是为什么国企和私企的养老金和社会保障金，都要集中在一个国家体系里。

多重社会问题：不平等问题、医疗卫生问题等等

中国将以何种方式来应对其人口老龄化问题，这将对这个国家的长期繁荣和稳定起到决定性作用。

在医疗保险方面，我们目睹了中国的改革历程。2011年，中国的医疗保险已经覆盖了其90%的人口，约12亿人。

尽管中国在处理不平等问题上还有很长的路要走，但随着私人和公共医疗基础设施的不断完善以及各相关领域的不断进步，中国在医疗卫生领域发展迅速。

消除贫困和保护弱者

这个问题迫切需要得到永久性解决，首先要根除剥削童工的现

象，这些孩子的精神和肉体都受到无情压榨，甚至每天被强迫工作14个小时。

然而除此之外，在许多发达国家和工业国家中，我们还发现了一些类似的却又更加隐蔽的问题。例如，在美国，童工也存在于农业领域。他们主要是一些墨西哥移民或者少数民族的孩子。而这些剥削童工现象的存在，归根结底都是由于生活的极端不稳定造成的。

在中国的某些农村地区，我们的确能看到，在有些家庭里，儿童会帮父母干农活。但还有比这更严重的！我们可以看到某些承包商，他们藐视中国的法律法规，践踏雇员的基本人权，其中就包括儿童的权利。

在中国，我们经常会在报纸的头版头条上看到有关“拐卖儿童”的报道，中国政府也一直在坚决打击贩卖人口的勾当。中国政府严禁用人单位接收未满16周岁的未成年人，否则将受到严惩。

同样，国家不允许雇主让16岁到18岁间的未成年人做过重的工作。

工作权、社会保障和禁止雇佣童工等都是中国公民基本权利的一部分。

正如其他坚决抵制雇佣童工行为的国家一样，中国也对企业实施了监控机制，但对于这样一个人口众多、幅员辽阔的大国而言，这无疑是一项艰巨而繁重的任务，更不要说那些无视国家和国际法律的企业了。

教育与工作制度的变化

中国对少儿的义务教育一直持续到16周岁。目前，通常的工作时间制度为一天8小时和一周40小时[24]。

目前，借助于法律，中国已经基本建立起了一套工作标准化管理体系。

改革的核心包括工作时间、休息时间、假期、薪水、“禁止雇佣童工”、对工人的特殊保护、对未成年工人的保护（16岁到18岁）、工作分配、安全问题、职业健康等等。

对于中国社会而言，孩子总是家庭和集体关注的焦点。

独生子女对于中国家庭而言往往意味着家里的唯一希望，因而他们通常会得到很好的教育，被父母和家人所宠爱，有时候甚至是溺爱。社会的大趋势注定了他们要在学业上出类拔萃，要学习艺术和文化，德智体美劳全面发展，以确保他们能有一个美好的未来。

日常生活：迈向美满生活

在日常生活方面，越来越多的中国人开始喜欢“美味的法国葡萄酒”，开始对传统艺术和当代艺术感兴趣；他们很热衷于西方的大品牌，爱泡温泉，仅仅是为了盲目的喜好……他们希望接受高等教育，使用高档产品以及做美容护理。他们还热衷于政治生活，爱追逐时尚、明星，并且还对宗教很感兴趣。

房子、金钱、性、汽车和权力

用几个词形容中国当代社会：房子、金钱、性、汽车和权力？当

24 如果老板想要延长工作时间，就必须与工会和工人们商量。通常而言，每天加班不能超过1个小时，特殊情况下3个小时。职工有权在法定节假日休假，并且每周至少休息一天。

然不是这样，至少不完全是这样。但当我们观看那些正在热播的中国电视剧时，我们就会产生这样的感觉。与之相伴的是其他一些游戏节目、新闻、体育比赛、趣味竞赛以及那些历史大片。

新一代的年轻人生活方式更加多样，类似于“1968年5月”那样一种新的自由风格（不张扬而又和谐），或者类似于安静的伍德斯托克风格……

摇滚音乐会：中国的伍德斯托克

例如，最好的摇滚音乐会被中国的年轻人称为“中国的伍德斯托克”。对于他们中的许多人而言，过去的十年以及未来的几十年，都是他们生活的黄金时代！他们非常了解自己的国家和父辈们的历史，看到他们当年的发展状况时，就像看着镜子里的自己一样。

中国新社会的解放

从电视、影像、游戏、运动、音乐、互联网以及各种经典和时髦的流行趋势中，我们都可以看到中国新社会的蓬勃发展！代表着超现代化社会新事物的各种晚会和戏剧广告不断，惹人注目！年轻的企业和新的个人创意也不断涌现。在未来的几十年里，将是这些年轻人在加速推进中国的现代化进程。

在一个南方的大城市里，我们可以看到4×4的深色车窗宽体轿车、敞篷车以及豪华轿车等。

一些装扮时髦、腰包鼓鼓的年轻人与朋友们出入在俱乐部等场合。他们的生活理念是：娱乐自我，享受生活。这就是现代化的中国社会……在这个新的中国社会里，文化中心、电影院和诸如“超级迪斯科舞厅”之类的“会所”正发展得如火如荼。

城市风俗的演变

对于同性恋者们而言，他们可以在互联网上寻找到绝对的自由，也可以与“圈子”里的朋友们在现实世界里见面——“目的地”也许就是北京为数众多的Gay酒吧中的一个。这里聚集了2000多个来自中国各个社会阶层的同性恋者，他们每周都会来到酒吧。

当然，这里没有“同居协议”(PACS)，也没有同性恋婚姻……在同性恋领域里，中国的境况与2000年的欧洲十分相似。最近，媒体报道了一例在北京举行的同性恋婚礼，就像在法国一样，这仅仅是一种形式，目前并不被国家法律所认可。

只有当整个中国社会的观念都发生变化之后，我们才能像西方国家或者其他地方那样，去考虑改变法律条款……古代社会对同性恋现象非常宽容，甚至连古代帝王身上都能找到类似的风气。

男同性恋的历史形象在历届王朝都有记载，并且从未消失过。只要同性恋者履行了他们为人子女的义务——结婚并为家族延续香火，他们的行为还是能得到家人的容忍的。

从20世纪80年代起，社会上的抵制力量（儒家、道家和佛教等流派）对于同性恋的容忍度逐渐在提升。1997年，同性恋不再受到法律制裁[25]。2001年，“同性恋”这个词从“精神病”的名单里被划掉。从此以后，同性恋有关的话题成为大学的科研项目，并为大多数年轻人所熟知，人们也不再对同性恋问题谈虎色变。

25 同年，“鸡奸”行为不再受到刑事追究。

多情而务实的中国人

爱和性在中国已不再是禁忌的话题！在这方面，中国人非常自由，甚至很讲究实用主义！中国的离婚现象非常普遍，而且堕胎行为在这里也并不违法。除了上世纪[26]的中国以外，中国社会在性话题方面一直都很宽容和开放。

在中国，没有色情！中国的年轻人标榜现代和浪漫，他们有自己的情人或女友（男友），但他们通常在27岁左右才结婚——当他们收入稳定下来并且有明确的未来的时候。

中国人保留着他们传统的、古老的价值观念。中国人是世俗的，但越来越多的人认为，这也是集思广益的一个好办法：每个人都有不同的信仰和理念，在这样一个愈加紧张的现代社会里，就更容易产生新的人生坐标和基准点，这是非常必要的。

重新找回的乐观与生活乐趣

如今，我们有无数理由来享受生活！西方和中国的“情人节”[27]虽然是两个不同的节日，但它们都象征着浪漫的爱情和美好的生活。到餐馆或者到麦当劳“搓一顿”、在打保龄球前逛街购物、慢跑、做发型、蒸豪华桑拿、洗按摩浴……对于中国人而言，所有这些精神和物质上的享受，都意味着好好品尝新生活的美好！

然而，所有这些都是理所应当的。中国经过三十多年的努力拼搏，才造就了13亿中国人今日的幸福生活；这个一度被人们认为是贫穷落后的国家，如今已发展成为世界强国。

26 上个世纪，由于各种社会分裂和社会动荡，中国在该领域有明显倒退。

27 想过节不需要理由。中国人非常喜欢鲜花，因而中国的鲜花产量非常庞大。

作为世界未来的领头羊，中国拥有非常乐观的前景，这与先辈们所付出了泪水和汗水以及他们伟大的牺牲是分不开的。中国人知道如何教育他们的孩子，要懂得工作、尊重和爱国的真正意义。

十五　研究与技术

中国的技术飞跃？当然是这样，中国的科技进步和新的高科技研发方向都在表明，这个国家要在诸多领域迎来惊人的飞跃：空间探索、军事实力、纳米技术、清洁汽车、未来的隐形飞机、信息技术、专利、生物医药、高速列车、机器人等。

中国将成为世界科技创新的动力之源。而这一切不过是小试牛刀，到2030年，中国的科技会有更惊人的发展。

中国正在寻找其技术优势，并且非常重视对新技术的科研和教育，将其作为新的发展计划里的重中之重。

考虑到要培养越来越优秀的干部和工程师，考虑到要赶上——甚至超过——某些西方国家，考虑到它将朝着尖端的产品、技术和服务领域迈进，中国要在所有这些领域加大投资力度。

中国生产纺织品、玩具、家用电器、电视机、钢琴、汽车、电池、数码相机、水泥、砖、维生素、小麦以及“中国制造”的集装箱。

在风力涡轮机、太阳能电池板、电脑主板、手机、电力汽车以及未来媒体等领域，中国也逐渐走在了世界前沿。

纳米技术：世界第一

三年来，中国的纳米技术[28]已经超越了美国。通过发展技术园区和建立大学科研中心，中国在诸多科技领域都处在先驱地位。借助于有效的预防机制，中国是第一个检测出禽流感的国家。在医疗、转基因技术、克隆、高科技以及最新的载人航天技术等领域里，中国都堪称是“专家”了。

中国拥有世界上数量最多的研究人员，这里所召开的科学会议、数目众多的专利以及学术论文，使得中国在科研领域独树一帜。中国用于技术研发的支出逐年增长。机器人技术、电信、生物医学研究、光电子[29]、光子学[30]、化学、工程中心、生物技术、信息技术、绿色技术等，将成为其未来经济增长的标杆领域。

中国走在前面

中国成为世界上最大的实验室之一。中国建造了其首个8.5吨的轨道科学实验室。

中国在科学探索方面的努力以及其先进的技术，对其经济增长和社会发展有很大的帮助。

发展要依赖培训、高等教育以及科研，中国很清楚这一点。创新是主要目标之一，为此，最后一个五年计划确立了以下几大方针：

- **能源、自然资源和环境；**
- **工业生产技术和信息技术；**

---

28 纳米科技涉及到多门学科：医药、化学、电子、生物、光学等等。它的操作对象是一些“纳米级”大小的物体（1纳米=10−9米）。纳米技术的应用之一就是制造纳米机械。

29 电子科技和光学的结合。

30 光子领域（包括产生、传播、控制或者转换光信号）是中国未来十大新兴关键产业的一部分。

- **生物科技；**
- **纳米技术；**
- **空间技术；**
- **海洋生物资源**（海洋资源和深海）。

根据Cisco[31]的一名未来学家戴维·艾梵（Dave Evans）的预测，到2030年，一台最基本的计算机的智慧将足以挑战一个村庄里的所有人。这个“预言家”还说，相比于5年后我们将拥有的知识而言，我们现在所使用的还不足其5%。

于是，我们现如今所不了解的知识（科学、技术、空间、健康等）**中的95%将在2060年被发掘出来。美国最主要的竞争对手就是中国。毫无疑问，中国准备在高科技领域占据未来的世界第一。**

十六　中国的教育体系

中国的教育体系越来越具有竞争力。在中国，教育部依然是教育体系中的核心行政部门。中国有超过3亿人在从事教育事业。

上海的成功

在国际学生评估项目中，上海的学生在阅读、数学和科学等科目中远远优于所有其他国家的参加者。这令全世界感到震惊。

中国学生的声音在国际上越来越响亮。他们不再是西方思维模式的“被动受益人”。相反，他们越来越倾向于拥有自己的思想，设计

31　Cisco在改造人们的交流、联络和协作网络方面位居世界前列。

自己的生活轨迹。

中国的教育经历了深刻的变革，其发展要归因于在教育领域投入的增多。政府的目标[32]是要把教育领域的投入增加到GDP的4%。

在外语和计算机方面的教研突飞猛进，继续教育、专业技能教育以及农村地区的教育也同样发展迅速。中国有近30所大学位居世界前列。

中国的教育体系

<table>
<tr><td rowspan="3">高等教育</td><td>硕士生和博士生</td></tr>
<tr><td>大学和学院</td></tr>
<tr><td>专业学校：职业技术学院</td></tr>
<tr><td rowspan="3">中学教育</td><td>专业学校、技校和普通院校</td></tr>
<tr><td>职业中学初级和高级</td></tr>
<tr><td>普通中学初级和高级</td></tr>
<tr><td>初级教育和幼儿园</td><td>小学
幼儿园和学前班</td></tr>
<tr><td colspan="2">成人教育、军校、民办高等院校等；
成人自考教育、神学院等</td></tr>
<tr><td colspan="2">专业学校或专业课程</td></tr>
<tr><td colspan="2">继续教育</td></tr>
</table>

教育无处不在

在青少年教育方面，中国要改善西部地区受教育水平低下的现状，特别是农村地区和自治区；在2015年之前，还要全方位实现“达

32 来源：《中国2008》，网站：www.flp.com.cn。

喀尔行动”[33]的所有目标。

自从世界教育论坛确立了全民教育的目标以来，在这方面取得了显著的进展：幼儿保育和教育、高质量的免费小学教育、扫盲、消除贫富歧视、获得公平的教育机会、提高教育质量等。

尽管不同国家的世界排名[34]证实了其教育水平的停滞，上海的青少年独占鳌头：超过前冠军韩国和芬兰，成为当之无愧的第一。

难道经合组织的专家们错了吗？在震惊之余，经过计算核实，这些年轻人的得分超过600分，比平均分数足足高出100分！

即使上海的成功不能类比到整个中国教育体制中，我们也不能否认中国教育的重要性，以及中国政府、教师和家庭所付出的努力。尽管投入教育发展中的预算不到全球投资的2%，但是中国却创造了举世瞩目的罕见成就。

中国的教育事业快速发展

在中国推行全面教育改革之前，教育水平非常落后。根据中国宪法，所有公民有义务接受小学和初中教育，直至16周岁。

中国与其他国家一样，在减少社会歧视和男女工资差距方面，教

33　2000年达喀尔世界论坛的六大目标如下：

1.全面扩大和加强幼儿保育和教育，特别是处于最脆弱最不利地位的幼儿。

2.确保到2015年，所有的儿童，尤其是女孩、经济困难家庭的儿童和少数民族儿童，能够接受到免费的小学义务教育，直至学期结束。

3.确保每个人有平等的权利获取知识和日常生活技能，以满足所有青少年和成年人的学习需求。

4.提高50%的成人识字率，尤其是妇女；到2015年，确保所有成年人都公平地享有获得基础的教育和继续教育的权利。

5.到2015年，消除中小学教育中的性别失衡，实现男女教育机会平等，确保女孩能不受限制地接受到高质量的基础教育，并拥有同样的成功机会。

6.从方方面面提高教育质量，尤其是在读、写、算和各种日常生活的基本技能教育方面。

34　国际学生评估项目（PISA）在经合组织的34个成员国以及许多合作伙伴国家中，对接近完成基础教育的15岁学生进行评估，测试学生们能否掌握参与社会所需要的知识与技能。

育起着至关重要的作用。

中国基础教育包括学前教育、九年义务教育（从小学到初中）、高中教育以及残疾儿童的特殊教育和扫盲教育等。

此前，有许多儿童上不了学，只能呆在家里。如今依然存在这种现象，但往往是在中国的一些欠发达地区和偏远贫困地区。而且这种现象正在逐渐消失。

2009年末，义务教育已经覆盖了全国99.7%的人口。小学适龄儿童的入学率达到了98.9%；初中达到了94.1%。而且在不到10年的时间里，青少年和成年人的文盲率已经从80%减少到了5%。

虽然教育发展还不够均衡，但已经在逐渐好转。在某些城市的大学和高中都是免费的，会给学生发放奖学金。在中国的各大省份和城市，教育方面的投资、教学法的支持（电脑、双语教学、体育设施等等）以及社会和文化方面的帮助都在不断开展。

动员全中国

要想鼓励教育，首先要满足人们最基本的生活需求。谁能在空着肚子的时候好好学习和工作呢？谁又愿意在不健康、条件恶劣的环境下学习呢？

在中国西部，设置了具体课程以发展当地的教育事业。这种教育支持也增加了当地的种族或文化财富。

中国政府十分重视对农村教育的发展。2009年，中央财政已拨款超过60亿欧元作为专项资金，用来保障农村义务教育的机制。

例如，在2011年，1600名官员动身前往新疆，带来了超过10亿欧元的额外投资。这种援助的目的是为了加强当地的教育和社会进步（首先是双语教学——汉语和维吾尔语，然后是住房和饮用水等）……

再如，到2015年，由中央政府拨款，西藏自治区将为学生提供免费的双语学前教育。到那时，藏族孩子上幼儿园的比例将由24.5%增长到60%。目前，西藏人民生活主要依赖于畜牧业和农业，这项措施旨在改善西藏地区早期儿童教育。

本着同样的精神，农民工现在也可以进入大学了。在放弃学业并成为在上海[35]的农民工七年后，杨帅从来没有想过他还会去上大学。

这位27岁的年轻人，是第一批获得工商管理培训的1000名农民工之一。其课程包括经济学、管理学和法律。最后，杨帅在上海电视大学拿到了一个学位。

即使传统[36]的民办教育不复存在，现代化的民办教育机构也在中国发展着，但是仍然少有需求。不是因为教学质量原因，更多的是出于经济、务实思想、意识形态等方面的因素。

中国教育体制的薄弱环节

仍然是由于中国的人口众多、领土广袤……因此，中国必须继续推进改革，以满足数以亿计中国人的需要。中国将在小学和中学等早期教育方面大力投资。涉及到教育方面的问题非常敏感，中国取得了一定的进展，并仍在不断努力。

到2020年以后，要完成的战略目标包括：教育的完全现代化、普及全民教育以及培养国家高素质人才。

此外，中国已经参与了许多国际教育项目，在非洲的塞内加尔等

35 上海有400万农民工，占上海总人口的五分之一。其中有40%具有初中以上的文化水平。

36 传统模式的学校：一些教授儒家思想的民办学校，就像法国上世纪初的私立学校主要传播天主教一样。

发展中国家[37]兴建学校和学院。

得益于中国向世界开放的政策和良好的经济环境，中国学生结合了中、西方教育各自的优势，对于寻找具有创意的解决方案信心十足。

十七　有竞争力的大学

世界上的“大学校”想吸引来自新兴国家的学生，主要是亚洲和中国。根据联合国教科文组织和规划委员会预计，2000年至2015年，世界各地的学生人数将从1亿增加到2亿，其中四分之三集中在亚洲地区[38]。

亚洲与中国的实力攀升

在高等教育方面，亚洲和新兴国家在全球排名上逐渐处于领先地位。

印度和中国每省应建立两所拥有20000名学生的大学，以满足他们的需要！教育是当代中国社会的第一要务。中国有数百所综合性或专业性大学和高中，其中有200多有较高的声望。

据教育部统计，2010年，在中国近2500万名注册学生中，有630万学生从大学或其他高等教育机构毕业。

37　如在津巴布韦创办了一所新闻摄影学校。

38　来源：费加罗报、联合国教科文组织、campusfrance.org（2010年3月12日）等等。

最有实力的学术状况

中国的硕士和博士学位数目在不停地增长。在中国最有实力的领域中，主要有以下八大类：

- 高新技术、电子技术、海洋技术等等；
- 机电一体化；
- 农业；
- 环保；
- 生物工程技术研发；
- 国际贸易；
- 司法领域，法官和律师。

随着中国与外国大学之间的激烈竞争，学生们通常喜欢选择与就业直接相关的专业。为了让大学走向世界，政府付出巨大努力。

在人文科学与教育方面，中国政府目前投资超过200亿欧元，与原计划的数额相比分别增长23.6%和100%。

中国政府已向国家纳米科学中心投资近300亿欧元。它是在北京大学和清华大学科学研究院纳米中心的倡议下设立的，该平台汇聚了相关科研机构研究员和在纳米[39]领域有杰出贡献的大学。

目前通信工具（互联网、电脑、宽带、纯平显示器、高清技术等等）的非凡的进步，只有对未来发展的第一步罢了，尤其是未来在纳米医学、纳米药物等领域的进展将令人吃惊。在这个技术领域，中国正积极开发设立多个研究中心。

39 纳米技术：与纳米级元素相关的科学技术。

中国文化在世界上的接力

中国在世界上有500多所孔子学院，分别与多个国家的著名大学有合作关系。这些孔子学院与法国的法语联盟很类似。

这些孔子学院成为不同国家的年轻人之间沟通的桥梁，促进了中国“软实力”[40]的发展，也就是说，促进了中国文化在世界上的影响力。

中国政府和公司要为这些新的毕业生寻找工作。国家经济对这些新的工作人群而言是不利的，就像在其他领域一样，因为中国有丰富而廉价的劳动力可以雇佣。

为了克服就业问题，在2010年，中国有86个城市被选定实施新的就业激励政策。学生是未来中国社会的一部分，他们将参加中国目前的创新和现代化进程中。

除了北京、上海和厦门的名胜古迹之外，参观一下中国大学校园也是不错的选择。这些大学才是真正的“大学城”，结构非常完善。例如，位于北京东部地区的交通大学就占地达47公顷。

宽敞的校园环境

宽敞的校园、现代化的设施和合理的规划，这就是中国的大学，是真正适合学生生活的地方。其布局与西方国家大学的布局不尽相同。

这里远离嘈杂的交通，有栽满树木的公园、图书馆、公寓、健身中心、洗衣房、游泳池、餐厅、超市、邮局、银行、发廊等等，学生

40　软实力是应用在某些国际角色（国家、非政府组织、企业等等）中的一个概念，指的是一方通过非强制性手段——如文化、意识形态、媒体等，来间接影响另一方的行为方式。

们可以在这里享受安静而安全的生活。

大学内部设备齐全，各种建筑物交相呼应，绿化带将它们分隔开来。许多来自中国不同省份的学生和睦相处。由于家庭条件的原因，这些年轻的学生大多住在由政府提供的小宿舍里。这里我们还能看到在校园里穿行的自行车，氛围相当不错！

上海的同济大学是许多学生梦想的学府。这座现代化的百年大学里树木繁茂，鸟语花香，主要设立九类学科：法学、经济学、管理学、理学、工学、医学、人文科学、哲学和教育学。

在这个绿色的校园里，法国的“小女王”——自行车备受追捧；毛泽东雕像矗立在校园的中心。

汉语是世界上使用最广泛的语言之一。近年来，随着中国的对外开放和经济的迅速发展，中国与世界之间的学术交流都在不断增加。越来越多的外国公司来到中国投资，也有越来越多的中国公司在世界各地出现。

来自中国的学生、商人和游客的数目不断增加，这也是理所应当的，分散在世界各地的华人数量也非常庞大。

十八　国外的中国留学生

为什么西方国家令中国学生如此向往呢？在过去的60年里，中国留学生数量在迅速增长。

多个目的地：100多个国家

在20世纪，中国留学生的目的地主要是苏联和东欧国家，而现在，他们已经遍布全世界。

一开始，主要是由国家来资助学生到国外留学。后来，越来越多的中国学生开始自费出国留学。

目前，与其他国家相比，中国的在外留学生人数位居世界前列。最近的一项调查显示，中国有80%的年轻人希望出国深造。

其中最主要的原因是，中国学生希望借助出国留学开阔视野，接触西方文化，与世界接轨。与此同时，也有越来越多的外国学生来到中国留学。

由于评估方法不同，这些数字可能有所差别（见后表[41]），来华留学生的数量从1978年的1000人增加到2008年的223000人。中国的大学里会聚了大量来自世界各地的留学生！这在几年前还是无法想象的……

1978年到2008年中国在外留学生人数一览表

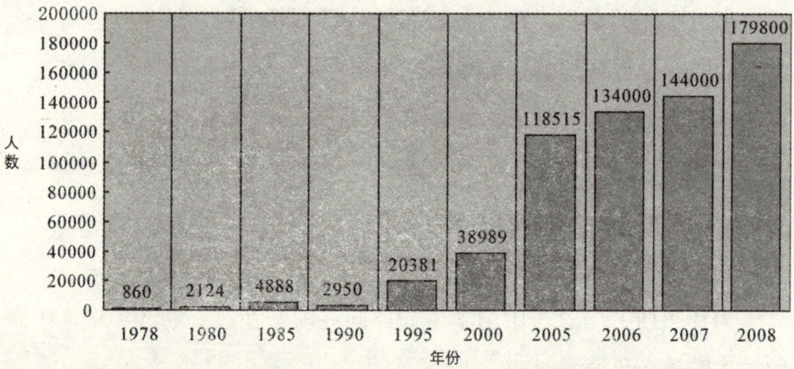

世界上20%的学生是中国学生

中国的大学在不断迈向国际化，与国外大学的竞争也在加剧，这

41 来源：www.china.org.cn。

意味着要不断做出改变。

到目前为止，中国已经与世界上188个国家以及40个国际组织（如教科文组织和世界银行）建立了教学合作关系。此外还签订了154份与教育相关的合约。

如今，每年有超过18万名中国学生出国留学，其中87%依靠父母出资。法国的外来留学生数目位居世界第三，其中中国留学生和亚洲留学生（28.9%）所占的比例逐年上升。

两年内，留法的中国学生数量已增长到了27100[42]人，是在法外国学生中人数第二多的群体。中国人热爱法国，喜欢它的文化、生活艺术以及它的浪漫和多姿多彩。

他们学习非常努力，并且遵守法国的法律法规。他们进入法国最好的高等学府学习：重点大学、公立大学和中央大学等等。

法国外来留学生的选择性分布情况[43]

国籍	学生数量	增幅
摩洛哥	30300	+3.4%
中国	27100	+34.4%
阿尔及利亚	20800	−3.9%
突尼斯	12821	+23.4%
塞内加尔	9399	+2.4%

在国外大学中，大部分中国学生选择学习经济或管理专业。他们更倾向于在欧洲或者美国攻读金融、国际贸易、商务、管理、电信或者高科技等领域的硕士学位。

中国的农业工程师往往毕业于荷兰，而中国的商人往往在美国或

42 目前估计留学生人数为30000名，甚至更多。

43 来源：《费加罗报》，MSER，网址：http://www.connexions.ccifc.org。

者英国深造过。

所有希望到法国读大学的年轻人，无论选择哪所学校就读，都必须通过“法语知识测试”（TCF），并且在“中法校园”机构注册学籍。

他们也可以通过TEF考试，即“法语水平评估”。当你在亚洲和中国看到那么多法语讲得非常流利的学生时，就知道中国大学的法语课程质量有多高了，这些学生甚至从来没到过法国！

十几年来，法国一直是他们所向往的国家之一，在中国学生最向往的国家中排名第五。至于中国对法国的影响，我们可以看到，有150所中学向8000名学生教授汉语课程，剩下的则主要出现在大学和学院中。总计有30000名法国人在学习汉语，因此法国是欧洲学习汉语人数最多的国家。

十九　高校排行榜

中国是未来的经济大国，许多年轻人开始学习汉语，或者到中国留学。

学生从世界各个地区来到中国学习：欧洲、非洲、中东等等，他们来这里学习普通话，了解中国社会和中国文化，并在这里寻找机遇。

哪些大学获得优胜

“上海2010年世界大学排行榜”会聚了全世界最好的大学，其中收录了大部分的北美大学和一些欧洲、亚洲的大学。

专家们批评该排行榜过多依照英国标准，而非选择其他更合适的标准进行排名。

美国和英国的大学排名靠前，而东京大学排在了第20位。法国大学的排名如下：皮埃尔和玛丽居里大学排名第39位，巴黎南十一大排名第45位，巴黎高等师范学院排名第71位。而其他的欧洲和亚洲大学目前排名非常靠后。

由于上海的大学排行榜遭到质疑，参考了其他评估标准的排行榜出现了。

实际上，该“全球大学排行榜”划分了三大区域：北美、欧洲和亚洲。所有在榜的大学均使用剑桥英语发表其96%的学术著作，而被排除在排行榜之外的大学都是没有用英语发表论文的大学。

拉丁美洲、非洲、俄罗斯、印度以及其他同样有非常优秀大学的地区，它们的大学难道就无法提供非常优秀的教师和实施高质量的研究项目吗？然而，它们并没有出现在“上海2010”大学排行榜中。

在另一个主要集中在亚洲的排行榜中，我们看到了这里最好的大学。根据2010年世界大学排行榜[44]，剑桥大学是最好的学校，紧跟其后的是哈佛、耶鲁、伦敦大学以及麻省理工学院等学校。

44 由夸夸雷利·西蒙斯公司推出。

亚洲前20所大学排行榜

1	中国，香港大学
2	中国，香港科技大学
3	新加坡，国立大学
4	中国，香港中文大学
5	日本，东京大学
6	韩国，汉城公立大学
7	日本，大阪大学
8	日本，京都大学
9	日本，东北大学
10	日本，名古屋大学
11	日本，东京技术学院
12	中国，北京大学
13	韩国，科技学院
14	韩国，浦项科技大学
15	中国，香港城市大学
16	中国，清华大学
17	日本，九州大学
18	新加坡，南阳技术大学
19	韩国，汉城，延世大学
20	日本，筑波大学

二十　中国的高级科研机构

中国的科研体系的核心依赖于中央政府和其他相关机构，后者则依赖于地方政府。其中主要有：

- 中国科技部
- 中国工程学院

- 中国科学院
- 中国自然科学基金会
- 中国科技协会
- 高等教育机构
- 企业
- 国防部门
- 地方科研机构

中国科学院与国家自然科研中心是最高级机构。中国科学院设立在北京，它是中国在各领域的研究中心，包括物理、化学、数学、生物、技术、地球科学等多个部门。

如今，中国拥有超过1000个研究所。其科研机构和成果达到世界先进水平。

此外还有160所国家级科学院，它们从属于中国科学技术协会，在大中型城市里都有设立分机构，构成了中国科学技术研究的中坚力量。

中国工程学院是一所荣誉咨询学院。对于中国的工程师而言，它代表着最高的荣誉。它主要负责对中国政府所实施的各大工程项目中出现的技术问题，进行战略攻关。

成为中国科学院（736名院士）或者中国工程学院（737名院士）的一名院士，这是在科技领域里至高无上的荣誉。这两所机构中也有外国成员。

在人文社科领域，中国有超过10万名研究员。

中国科学院创立于1977年，是中国的最高科学机构。它在全国各地设立有36所研究院，汇聚了享誉国际的中外学者。

中国社科院包含有34个分院，其中包括：文学、哲学、艺术、经济、政治、马克思主义研究、法律、社会学、国际研究等。它致力于以创新的方式研究政治问题以及对人文科学和社会科学进行理论探索。

这些官方机构及其相关的研讨会，可以提供许多具有决定性的分析、研究、意见、信息以及方针。它们致力于研究中国的科技问题，为中国政府的改革和计划出谋划策。

二十一　国际科研地位

中国科研能力的迅速攀升已经成为了国际新闻的头版头条！

用了三十年的时间，中国从19世纪中期跨越到了21世纪。在1900年，中国还没有现代科技。在当时，全国知道微积分的中国人还不到十个。

在21世纪初，中国已经在高端技术研发领域赶上了世界先进水平。

中国技术有60%接近世界水平

例如以下几项技术：核能、高能物理、生物技术、信息技术、计算机技术和机器人技术等。

自20世纪90年代以来，中央政府在科技研发方面的拨款在不断增加。

2003年和2005年的载人航天飞行项目标志着中国航天事业取得巨大进展。根据中国的探月计划，预计将在2020年之前取得月球表面样本。

2005年，中国投入研发的费用占GDP的1.3%，到2020年，预计将增长到2.5%；GDP增长的60%将来自于科技发展。

创新能力、基础科学的发展以及尖端技术的研发，所有这些都将加固中国的国际地位，并将其推向世界之巅。

如今，中国在许多科技领域已经达到了先进水平。某些领域甚至已经接近或者达到世界水平。根据国家事务委员会2006年2月9日发布的“中长期科技发展计划”（2006—2020），在未来15年里要着重发展16个关键项目。

这些标杆项目覆盖多个战略领域，如信息技术和生物技术，还包括能源、自然资源、环境和人类健康、喷气式客机、载人航天、探月等需要迫切行动的领域，同样还有诸如抗虫棉、矮秆小麦、超级水稻等农业科研项目。

就长期而言，2006—2020年的计划旨在提高创新能力，以促进科技应用、加强国家安全以及促进社会经济发展。中国政府将加强基础研究，以更好地与世界研究水平接轨。

中国的目标是，通过科技进步贡献GDP增长中的60%，同时将依赖国外技术所贡献的GDP增长控制在30%以内。

在上海有超过1000个研发中心。近67万人在这里从事科技工作。

其研究成果进展迅速，有许多科技成果在这里诞生。这里的学术交流也非常活跃。

2006年，上海研发基金达到30亿欧元，占上海GDP的2.5%。这些研究收获了1953项成果。上海有60所高等院校，共计50万名学生在校。

目前，中国有3500万名科研技术人员，数量居世界第一。

在这些科研技术人员中，有80%的研究员年龄在45岁以下。他们是中国科技发展的中坚力量。

二十二　空间探索的星光大道

到2020年，中国将推出自己的载人空间站。从1993年起，美国、欧盟成员国、俄罗斯、加拿大、日本和巴西已经建立国际空间站[45]，步入到探索外太空的行列中来。

我将向你展示一条"星光大道"……今后的20年里，中国将继续坚信一条屡试不爽的真理：万事靠自己！

地球上的人类越来越依赖空间、卫星、通讯、远距离探测、军事等等。没有这些尖端技术，就不会有卫星导航，不会有天气预报[46]，不会有全球定位系统，不会有卫星电视，也不会有对我们的星球更深入细致的研究。

如今，如果没有卫星，在生态、农业、科学、战略、军事等领域的诸多计划和项目将被淘汰或遭受质疑，因此，它们对许多国家而言非常重要。

事实上，卫星的军事和商业用途非常广泛：卫星拍照、雷达和光学观测地球、收听和录制广播通讯数据等。卫星数目是如此众多，以至于我们已经开始谈论太空污染问题了。

2007年，欧盟官员正在实施伽利略计划[47]，目的是摆脱对美国GPS军事系统的依赖。该系统可供平民免费使用，但功能受到限制，不能提供军事情报，而且不够精确。

就其本身而言，中国正继续其远程导航试验计划，推出了Compass/Beidou-2版本，并且在2010—2012年间，预计要发射35颗卫星。

在20世纪50年代，中国早已认识到导弹和太空行动的战略意义。然而却是由苏联[48]和美国在1957年发射了第一颗人造卫星。当时，中

45 欧洲宇航局的十一个成员国（德国、比利时、丹麦、西班牙、法国、意大利、挪威、荷兰、瑞典和瑞士）与俄罗斯、日本和加拿大宇航局携手，并以美国宇航局为首共同创建了国际空间站。从2009年起，空间站配备了六名宇航员，每人工作3到6个月。空间站的轨道速度达到时速27700公里（7.7公里每秒），它在距地面350公里的高空，每天环绕地球15周。空间站预计在2011年完工。

46 气象卫星可以帮助气象学家获取有用的气象信息。

47 该计划可提供精确到米的定位（GPS则只能精确到十几米），将在2012年开始运行。

48 苏联在1957年发射了第一颗人造地球卫星。

国接受了苏联的援助，但自此以后，中国成功开发出了自己的技术。

1970年，中国的首颗人造卫星“东方红[49]号”发射成功。在航空航天领域，昨日的领导者（苏联和美国）或者如今的新秀（中国）都面临着其他国家的竞争。

加入到这场空间争夺战之中的国家包括：法国、日本、印度、加拿大、韩国、朝鲜等等，还没有算上数目众多的合作计划。中国仅仅花了几年的时间就跻身航天大国之列！在成功实现载人航天飞行计划之后，中国无疑已成为“空间战”舞台上的重要角色。2005年10月12日，中国成功发射了“神舟六号”宇宙飞船，上载两名宇航员：费俊龙和聂海胜。

从地球到月球，再到火星

中国预计要在2020年实施登月计划，作为其进军火星的第一步。

现在，中国是继美国和俄罗斯之后的第三个独立完成载人航天飞行、掌握了人造卫星发射技术的国家，也是世界第五个有能力自主完成设计、制造和发射卫星的国家。

中国在2007年10月23日成功发射了第一个探月卫星，命名为嫦娥，发射地点在四川省西昌发射基地。这一持续一年的探月计划已花费了1.29亿欧元。其他一些亚洲国家，如日本和印度等国也在从事征服月球的计划。

这一切仅仅是中国月球勘探计划的第一阶段。第二个计划是要在月球表面实现“月球勘探车”的软着陆。

第三阶段应该是发送和回收第二辆载有月球土壤和岩石的勘探

49 意为：日出东方之时，红霞满天。

车，以就这些珍贵的样本进行科学研究。探月卫星将拍摄月球的三维图像，以备在月球表面安设科学基础设施。月球探测是中国在太空旅行的第一步。

除了探索火星的计划以外，中国对周边的小行星以及星际空间也很感兴趣。

中国希望加入参与建设国际空间站的另外16个国家的行列。但是，中国并不一定想要与其他国家进行征服月球的比赛，尽管中国表示它希望与世界各国分享其实验结果。

如果计划成功，不但可以树立中国人的良好声誉，还可以巩固中国的国际地位，同时也能提高人们对宇宙的认识。然而，对于其他更雄心勃勃的项目而言，中国并不排斥国际合作，特别是与俄罗斯联邦和其他新兴的航天大国的合作。

尽管预算比美国人低，然而结果似乎有力地证明了中国的实力——无论是在民用方面还是军事方面，中国已经拥有了导航卫星、气象卫星、远程通信卫星和地球观测卫星等。

有威慑力的高端技术

如今，中国发射的运载火箭能够摧毁任何一种卫星。

中国还要通过摧毁卫星来展示其实力。于是，在2007年1月，中国发射了一颗弹道导弹，摧毁了一颗已报废的气象卫星。

即使未来不会发生星球大战，这一战略举措也使中国有机会来测试其反卫星武器，这令美国很担忧。在太空武器竞争中，中国走在了世界前列。

在这次探险中，中国有许多长期的挑战：建立空间站、送中国的宇航员进入太空、在短短几年内带回月球样品、执行首次火星载人航天任务等。

成功完成一项太空计划，是在向世界展现其“具有高附加价值”的技术，同时也给本国的大学和科研水平加分，告诉世界这里有伟大的计划和训练有素的科学家。

因此，太空竞赛展现了中国新的力量。中国的目标是非常宏伟的。类似这样的方案对于其他世界大国而言是一项真正的战略挑战。

二十三　创新与技术

中国会重新获得以往的荣耀吗？在众多技术创新中，中国制造出了火药、独轮车、印刷术、铸铁术、磁罗盘、吊桥……还取得了许多其他的重要成就！

如果说创新的火炬已经传递到西方国家，它会不会再返回到东方呢？中国准备迎接高科技产业的挑战，并且要超越技术先进的国家。中国把其他国家远远抛在后面，走在了最前沿！

在中国，新技术和尖端技术的研究开发在全国随处可见，遍及各个领域和各个部门。作为即将到来的第十二个五年计划的一部分，新能源将在经济发展中国发挥重要作用。

新的战略产业将成为中国经济增长的动力。这些新兴产业包括以下七个方面：

- 新能源汽车；
- 节能；
- 新一代计算机技术；
- 生物学；
- 高品质设备制造；
- 新能源；

● 新材料。

新能源、新材料和生物技术是最有前景的产业，将开启新的工业革命。

作为发展技术创新的一部分，新的混合动力汽车将在中国市场占有重要地位。目前，北京市已拥有超过400万辆汽车。由于购买力的增加，汽车产业日益增加的潜在客户将面临交通堵塞的问题。

用电动车替换汽油和柴油汽车，这将是一个前景广阔的市场。在中国，无论是对于国内还是出口而言，新能源汽车将赢来其黄金时代。

资深的中国专家和官员

中国的专家、研究人员和工程师的资格水平越来越高。考虑到技术创新对于持续的经济增长的必要性，中国创造了规范的标准，如对专利的申请。无论是在电信、信息技术、办公还是医疗等各个领域，这些中国的科学家和他们的研究中心，正在日益瓦解西方企业所精心建立的战略布局。

对于大型的城市建筑、土地规划以及化学、卫生、通讯、工业和农业等领域而言，高科技的应用越来越多，尤其是在数据通信、电信网络和无线上网（wifi）[50]方面。

中国的电信公司，如华为、中兴通讯等，已经直接与爱立信和诺基亚展开竞争。

作为引领世界市场的电子设备制造商之一，中国华为公司（总部设在深圳），是电信运营商新一代网络全球领先的供应商之一。华为一

50 Wifi：无线上网技术。

直密切关注客户的需求，并以此来制定营销方案。在信息技术领域，它为全球的计算机网络和电信网络提供软件、硬件和特殊的服务。

中兴通讯集团并不为公众所熟知，它是中国移动电话制造业巨头。它同样是二十多年前出现在深圳。这头“巨兽”沿着苹果的足迹跌跌撞撞地前行，与华为和业界其他杰出企业一同，给西方的先进产业带来了恐慌。

中国在创新、高科技和生物医学[51]研究方面实力雄厚，北京科兴生物公司就是一例。该公司第一个在国际市场投放H1N1疫苗。其总部在上海，专门从事农业和工程科学研究，同时设计生命科学领域。

北京科兴生物公司与55000名学生的协同工作，目的是要在2015年成为生物医学界的权威。

巨额的投资

到2015年，中国希望将“新一代”技术领域的投资份额（目前占GDP的2%）增加到GDP的8%，到2020年增长到15%。

第十二个五年计划预计，在1.107万亿欧元的投资中，服务业和尖端技术产品领域将占相当一部分比例。

这些投资尤其倾向于具有高附加值的产品。新政策将有利于中国的电动汽车、可再生能源、高质量加工品、高端信息技术、绿色产品和尖端技术等领域的发展。

51 生物技术是结合了科学与生物的技术，同样与其他学科有所交织，如生物化学、生物物理学、微生物学、信息科学、分子生物学和基因学等等。

二十四　信息技术发展速度与实力

在信息技术领域，中国在世界上排名前500的最强超级计算机中崭露头角。计算机产业已成为中国的第一支柱产业。几个月来，中国在信息技术方面的成就不断令世界称奇。

世界上最快的计算机

2011年，中国已拥有了世界上最快的计算机。

这台超级计算机诞生在中国天津，由200名工程师设计制造，名字叫天河一号。它的运算速度达到每秒2507千万亿[52]次。

功能强大的计算机将促进各个领域的发展：工业、高科技、医学研究、汽车和飞机设计、城市化、安全、交通、电子、电信、数据分析、气象预测、航空航天、宇宙学、海洋学、武器设计和模拟核爆炸等。例如在分析和预测股市方面的应用。

信息技术产业的惊人演变

中国的信息技术水平在世界排名中名列第一，超过美国。

中国七大计算机和电子制造商

- 方正科技（上市公司）
- JWD：生产便携式电子设备。
- 神舟电脑[53]：成立于1995年。

52　千万亿（pé raflop）：衡量计算机运行速度的一个单位。

53　世界三大电脑制造商之一。

● 神游有限公司[54]：日本跨国公司任天堂的合资企业。

● 联想集团：成立于1984年，是亚洲排名第二的计算机制造商，世界排名第四，位列惠普、宏碁和戴尔之后。这家中国集团2005年收购了美国跨国公司IBM的电脑事业部。

● 索泰国际：全球领先的显卡和主板制造商和全球领。

● 新海滨（Nufront）：微电子和电脑公司，成立于2004年，总部设在北京。主要设计处理器、电脑和主板。

这些中国计算机和电子设备公司还很年轻。它们在二十多年前还并不为人所知。

在未来几年，第十二个五年计划将把新一代信息技术作为发展重点，中国要做信息技术领域中第一，在计算能力方面超过美国、日本、英国、德国和法国等国家。

二十五　十亿网民

中国目前拥有超过5亿网民，占人口总数的40%。而这仅仅是开始……

2030年的互联网会是怎样的呢？在未来的其他技术领域，又会给我们带来怎样的惊喜呢？我们是否会以一种全新的方式享受生活（工作、旅游、交际……）？

54　神游公司在中国的产品有：IQue 播放器、Game Boy micro、Came Boy Advanced、Nintendo DS、Lite和Wii等软件。

到2015年，中国将拥有10亿网民

由于中国的现代化发展，由互联网和新一代的移动设备所提供的服务也在不断进步，中国互联网用户数量预计将超过十亿。

中国多年来都在发展自己的搜索引擎和社交网络，并要将它们国际化！今后，它们将成为MSN Messenger、谷歌、Facebook的直接竞争对手!

除了社交网络以外，微博在中国也得到蓬勃发展，特别是在著名的门户网站新浪网（sina.com.cn）。

在主要的社交网络中，最知名的是Facebook，而在中国，有三家占有了相当大的市场份额：首先是即时通讯软件巨头"QQ"（腾讯小企鹅），其次是人人网——中国的Facebook，最后是开心网[55]。

Facebook和Twitter被中国遗弃

像QQ、人人网或开心网这样的中国社交网络，同时还为网民提供多种服务：信息、动画、对话和免费的游戏。QQ是继电子邮件之后最流行的即时通讯工具。它使你能够与世界各地的其他QQ使用者随意聊天，既支持文本模聊天，同样也支持QQ语音聊天。

过不了多久，QQ国际版将支持多种语言。MSN Messenger虽然在这些方面一应俱全，然而在中国却行不通!

QQ通讯是免费的，这些聊天记录将作为历史记录保存在电脑里，而且还能够接受离线消息。QQ目前可支持英文版，几乎所有中国人都在使用QQ，这是款非常受欢迎的软件。它具有快速实用的特

55 来源：www.marketing-chine.com；Cid Carver & www.socialnomics.net。

点，还可以发送和接收文件、图片，并且能直接进行视频聊天。

在中国，网民们在QQ、百度、开心网[56]、人人网和其他类似网站上消磨时光……因为它们已经适应了中国年轻人的口味。开心网因开发游戏而流行：例如“开心农场”或“奴隶庄园”。

在中国，所有网民都拥有他们的个人QQ号或昵称。QQ可以很方便地替代移动电话。

中国互联网向世界敞开

除了某些被认为有可能破坏国家安全的网站之外，中国所特别禁止的就是网络犯罪和那些含有大量色情内容的网站。而在中国香港却并非如此。

与西方国家一样，互联网已经成为中国人日常生活中不可缺少的一部分。

中国正在迅速发展，向全球化敞开大门。其网站超过95%允许访问。然而，目前在中国内地被限制访问的网站，并非在各地都受到限制。

据中国商务部称，中国政府的主要目的是保障网络安全，维护公民权利，为中国互联网行业创造公平竞争的环境。

在搜索引擎中，百度网站[57]（在纳斯达克上市）无疑是其中的佼佼者，它拥有70%的网络连接，而谷歌仅拥有20%。百度的创始人李彦宏是中国互联网的传奇。福布斯杂志估计，他的财富有53亿欧元。

百度集团的市值估计为277亿欧元，而雅虎则是150亿欧元。其首次上市时，市值就增长了354%。

56 www.kaixin001.com。

57 中国其他的搜索引擎或者索引网站数量众多。其中包括：db.sohu.com，sina.com，3721.com，soso.com，21cn.com，163.com，yahoo.cn，sinogoo.com，iask.com，surfchina.com，souchina.com，searchdragon.com，google.com.hk，searchchina.com，chinavista.com等等。

似乎没有什么可以阻止百度的发展，谷歌做不到，甚至中国国内的竞争对手也做不到。

二十六　中国电子商务迅猛发展

中国的电子商务迅速发展，其发展速度一年比一年快。在中国，网上销售的市场非常巨大。所有的中国品牌，像那些大型的国际企业，它们已都在互联网上落户。这里是世界上最大的互联网贸易市场！

从2009年到2010年，网络销售量增加了60%。根据中国媒体报道，2009年网络贸易额为4100亿欧元[58]，2010年第一季度为2600亿欧元。在中国产生的总营业额甚至比美国还要高！

中国商务部部长陈德铭是电子商务的坚定支持者，他说："那些没有信用卡、更愿意以传统方式购物的人，将无法想象电子商务的好处。"

电子商务发展迅速

中国互联网经济的快速发为中国的电子商务公司提供了动力，使它们能制定更深远的发展战略，并进一步加强其在中国和国际市场的地位。中国企业在采取新的措施研发自已的产品，以促进市场多元化。

例如，著名的电子商务公司京东商城网（360buy.com）已将其业务范围从销售电器、电脑和办公用品扩大到了图书领域。该网站提供七大类超过十万本书籍，包括艺术类、社科类、经济类、管理类、教育类、备考类、科技类、生活类和少儿类等。

58　来源：中国官方报纸。

京东商城网（360buy.com）

这个网站是中国最大的企业对顾客类公司（B2C[59]）。根据艾瑞（iResearch）公布的第三季度中国网络销售数据：

京东商城网的营业额在连续三个月内超过了112亿欧元，占互联网总零售额的35.6%。其进军图书市场的决定，体现了该公司的多元化战略。

据业内专业人士分析，电子商务公司迎来了一个新的世界，它们对自己未来的发展充满信心。在更广泛领域的商务发展是必然的。

中国是世界上最大的互联网市场！中国网民中有三分之一在网上购物。

这些公司将在未来获得更多的成功。根据消费者的需求，他们将在各个领域拓展业务并创造新的服务。

企业对企业电子商务

企业对企业（B2B[60]）电子商务也在中国和全世界稳稳扎根。由马云创建的阿里巴巴集团，已经在市场上不可或缺。该网站列出全球各个公司的在线产品和需求。无论是在中国还是在全世界，阿里巴巴已经成为公司与公司、买家与卖家之间必不可少的中介之一。

中国或西方的大品牌企业都开始步入电子商务时代，如阿玛尼、丝芙兰、苹果、沃尔玛等。

在“顾客到顾客”（C2C[61]）市场，中国的第一个电子商务平台是

59 B2C：商务（business）对顾客（consumer）。

60 B2B：商务到商务。

61 C2C：顾客到顾客。

淘宝，它拥有80%的市场份额：2009年，在淘宝网上共售出了2亿件服装和6000部手机。

第四代通讯技术的发展将使得人们的消费方式发生重大改变。2009年[62]，中国有60.8%的网民（2.33亿人）通过手机上网。

二十七　2030年：互联网和社会

互联网是面向世界的一个新窗口。有了这项技术，信息、通讯、贸易、知识和表达方式都得到发展。

在互联网领域，中国并不落后

中国将成为互联网用户数量最多、所占市场份额最大的国家。到底是什么吸引了众多投资者？

在政治、经济和社会领域，网络起着至关重要的作用。它使许多贫穷国家和发展中国家获得沟通和交流。它成为与个人自由相关的一项新的权利。

例如，据中国青年报报道，在中国，互联网对中国青少年而言是“性”的第一信息源，学校和家庭所提供的性教育远远不够！

62　来源：www.fccihk.com。

互联网、调研和性

在受访的3000名青少年中，有超过四分之三回答说，互联网是他们性知识的主要来源，而书籍和朋友们则排在第二位，学校和家长排在最后。此外，71%的受访青年认为互联网上的色情内容对他们造成干扰。约12%的受访者认为，对10岁以下的儿童进行性教育是合适的，而42.5%的人认为，小学生已经有了性教育概念。

在本次调查来看，潘绥铭（人民大学性行为和性别研究所所长）认为有必要把性教育作为一门必修课。

第三章

二十年后的中国和世界

一　经济和贸易

中国经济健康发展！近年来，中国的对外贸易和国内生产总值不断增长，这都要归功于其国家性的和行业性的改革，国内工业计划性的迅猛发展，以及对国际市场的充分利用。

每一个中国人都将从这发展中获得越来越多的实惠。另一方面，关于金融危机，中国经济复苏之强劲迅猛令人惊讶。

现如今，以及在今后的一段时间中，中国都会充满活力，在各个领域持续发展壮大，经济发展和对外贸易突飞猛进，而最近发生的两件事情又加速了中国的发展：

- **2001年9月，中国加入世贸组织（WTO）；**
- **2008至2010年源自美国的世界金融危机及其影响加速了西方经济的衰退，而同时有利于亚洲和中国经济的发展。**

很显然，中国经济取得了成功，成果显著，而这成功的根源不仅局限于最近的这些事件。因为，几十年来，中华民族都在为之努力奋斗……

中国把危机转变为发展的杠杆

在蒙受这场金融危机带来的损失的同时，中国积极应对挑战！中国通过及时采取迅速有效的措施，预防和抵御了这一危机对中国的冲击。面对危机，中国领导人们还有其他的选择么？

中国将这场全球危机视为加速其发展的关键和重要机遇：中国想要实现复兴，就要有天空一样的高度重视这一契机。为了应对这一全球危机，中国立即采取了大胆的，大规模的经济重振计划，这一计划是以增加投资，拉动内需为基础的。

从2008年开始，中国斥巨资实行援助计划！2009年至2010年，超过4500亿欧元的国家援助计划引起了全国性的乐观情绪高涨——对实际经济层面的以及对国家信心层面的，而这一乐观情绪促进了其他部门补充计划的实行，例如各省、各大银行和各中国企业。

考虑到因出口全面溃退而引起的不利局势，这一项4500亿欧元的援助计划一方面需要国有银行和国有企业出资，另一方面，政府也发挥出了人民群众的巨大潜力：国家的凝聚力以及通过向各省列出发展项目来刺激地方投资。

中国人民以实际行动给予了回应！在各中国团体的参与和支持下，各地政府得以提出了将近3万亿欧元的项目（国内生产总值的80%）！

已经有了这一数目惊人的计划，通过金融融资而不是财政拨款，下面要解决的就是制定一个宏大的目标和执行这一经济重振计划的模式。政府要求各省制定有创新的项目，与新的产业重点相协调并且考虑到进一步集资问题。

中国的目标

继续深化改革，壮大现代化工业产业，发展尖端技术，减少对外依靠，协调区域不平衡，保护环境，鼓励结构多样化发展，使金融市场更加健康发展。

这一由中国各级参与者积极支持的计划，迅速，大胆，对经济重振切实有效，所以立即取得了积极成果。这些成果得到了专家和国际经济金融市场的肯定。

在本国经济迅速发展的同时，中国的崛起也促进了世界经济的发展，帮助了有困难的国家。今天，中国提出在互利共赢的战略下帮助这些有困难的国家，扮演一个保持全球稳定，促进世界发展的角色，首先在世界经济金融方面，同时也致力于反对保护主义。

足以见得，中国经济的发展令人惊叹，并且正在以十几年前人们所无法想象的速度迅速崛起。除此之外，中国经济还表现出了前所未有的对外独立性。

中国正处于转型期，处在一个重组阶段。整个中国，从东到西，从南到北都在进行着深刻的变革。中国有耐心有决心，全国人民团结一致，巧妙地利用了这次世界金融危机，充分开拓国际市场，发展本国经济并且拉动内需。

中国正全力实现现代化，危机加快了中国转型的速度，促进了中国闪电般的发展。

二　二十年后的世界经济

伴随着科学技术日益先进，每年两位数的增长目标，科学创新不断涌现，利润空间越来越大以及成熟的国际发展战略，中国的大集团公司正在国内、亚洲以至世界加速发展，它们比欧洲以及其他地方的企业产量大，价格低，更具竞争优势。

中国全球性竞争时代的到来

然而我们要记住：就在几年前，中国全部的汽车、火车、飞机和技术都是从外国购买的，并且大量生产附加值很少的生产纺织品以及其他产品，正因如此，我们习惯给中国冠以“世界工厂”的称号。

中国的许多小公司因低价生产大量产品而成为世界经济不可缺少

的一部分。然而正当这些公司为西方许多品牌生产商品的时候，他们也得到了收益，发展了产品、商标、投资和研发中心。

在中国崛起带来的竞争环境中，这些小企业成为了主导者，然后他们将去征服世界市场。西方社会没有尽早意识到这种实实在在的崛起，这种长期的战略，这种反应作用，没有意识到中国的创造潜力和力量，正如他们没有意识到中国想要通过自己的方式和特有的价值观实现现代化一样。

中国只能成为西方国家的工厂和分店吗？这可以好好赌一把，正如西方集团已经习惯统治商界，中国当然也一样可以统治商界！中国的政治意愿，实用主义，高速发展的科学技术，蓬勃涌现的发明创新，爱国主义，团结一致，在世界范围表现出来的雄心壮志，明确的战略，生产的低成本，在研发领域的投资都是中国得以成功的因素。

由于以上这些已经取得的成就和使用的方法，这些中国的集团公司——通常起源于家族性企业——促进了中国的壮大，颠覆了人们对未来前景的期待和固有的想法，并且改变了世界的面貌，例如财富的分配。

一个经济史上的转折点

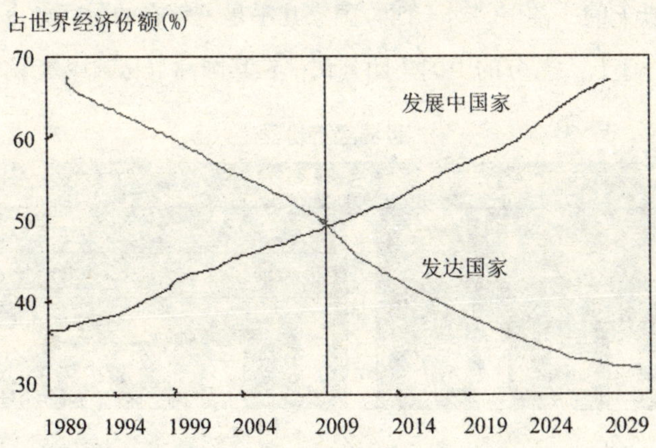

来源：国际货币基金组织（2010年12月TD金融服务中心预测）。

但是中国将不会满足于她已经取得的成功和成绩。今天，在经过了几年的时间后，在许多经济和金融领域里，大部分的中国集团已经成为世界经济的领军人物。

中国企业进军国际市场

这些规模巨大的中国企业提供产品、服务、技术、专利等等，它们日益壮大，获得更多的利润，占领更多的市场份额和证券市场资本。中国已经成为了世界经济的第五把交椅！然而中国并不急于称霸全世界……

21世纪开启了经济史上一个具有决定性意义的转折。在2028年，新兴国家将冲破原有的追随者和竞争者的角色，超越发达国家。而同时各西方国家的霸权和统治地位将被超越，即使这些国家仍然抵抗，试图保持其在科技创新领域的主要地位，但是这一历史潮流仍是不可逆转的。

还在几年前，大部分发展中国家的公司，就像中国的集团公司一样还默默无闻，甚至“对于西方国家几乎是不存在的”。如今，再也不是这样了！大部分的中国集团公司都在其国际贸易领域繁荣发展。

世界经济份额

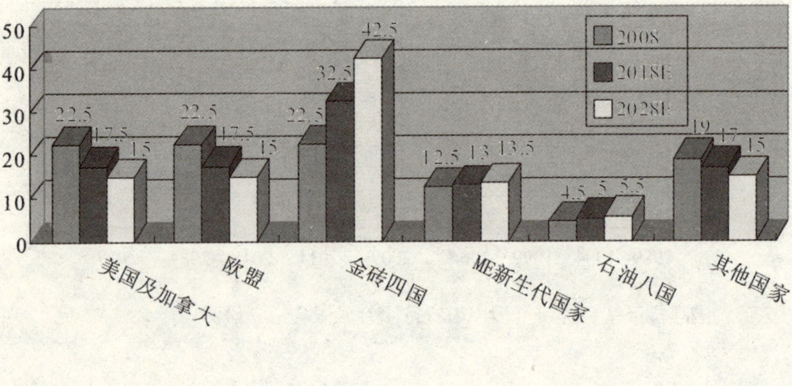

根据经合组织的最新预测，到2030年，发展中国家将实现全世界60%的国内生产总值。

根据最新的研究分析和各个国际金融机构(包括国际货币基金组织、世界银行集团等)对未来前景的预测，这种财富从东方流向西方的不可避免的倒转对于这些国家必然会是一个良机，同时对于西方国家和全球经济都是一个机遇。中国和其他新兴国家（那些紧随其后的国家……）将把全世界的发展带到一个新的高度。

二十年后，将会是中国和印度这些新兴国家影响着世界经济！

首先，世界经济将由中国领导。2020年之前，中国就将重新找回他在1890年以前一直把持的世界经济霸主的地位。而到2030年，中国将成为超级大国。

从现在到今后十年之间，中国的贸易总量（包括商品和服务）将高达4万亿欧元，即现在的两倍。同样，中国也将在制定国际贸易规则方面扮演重要角色。

中国将拥有自己的跨国公司和自主的世界品牌；凭借其产品、技术、环境、就业和社会的良好发展，中国将跻身于世界领先行列。中国在全球竞争中一定会取得非常有利的地位。

三　中国的赢家

中国的赢家们来了！这些明星正是那些要在世界舞台上一展风采的中国企业。今天，政治家、经济学家和整个市场都可以预见一个新的历史时期正在开启。这一历史时期是一个真正的交叉路口。中国主要的企业集团不仅在世界证券资本市场名列一流，而且还取得了巨额利润。在2009年，中国收益最多的十家企业中就有八家来自能源和金融产业。

中国的成功故事

新的中国百万富翁越来越多。在这个生气勃勃的氛围中，几乎每一个中国人都梦想着自己创业。

例如达能集团原来在中国的合作伙伴，“娃哈哈”集团，就是收益率最高的私有企业之一。中国的前500强企业实现了巨大的营业额，比2008年增长了20%。

2009年，中国工商银行实现利润1294亿欧元，居中国十大收益率最高企业榜首，其后是中国建设银行和中石油集团。走向国际化的中国集团数目众多。

虽然中国大多数的私有企业是以家族经营为基础发展起来的（有的现在仍然保持家族经营），但是他们采用了最先进的市场营销策略。这些企业意识到自身的实力不断壮大，于是不断开拓国际市场，增加科研的投资。

如果要列举各大中国集团和中国跨国公司，不难发现他们中很多都是从国企和小规模的私企发展起来的，这里是一个不完整的“中国传奇”的清单：

2009年中国十大收益率最高公司　　（以10亿元计）

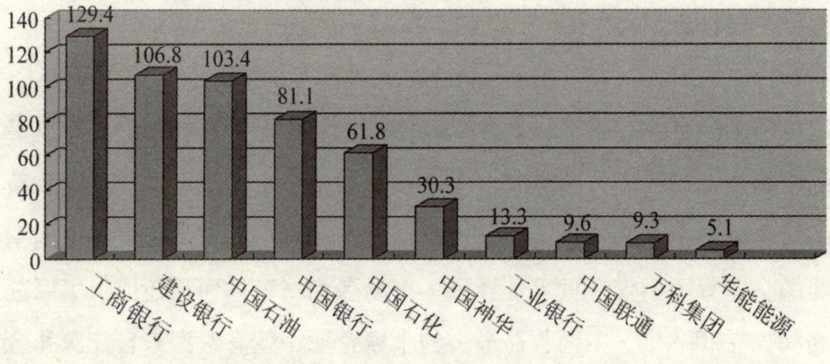

● 联想创建于1988年。这是一家向全球出售电脑的中国电脑制造企业。

● 海尔是一家只有25年历史的中国电器制造集团公司。它拥有国际化的公司规模。

● 青岛啤酒创建于1903年，这是一家享誉全球的企业，啤酒制造业的领军者。

● 华为是全球领先的新一代信息与通信解决方案供应商。

● 百度发展迅速，将追寻谷歌搜所引擎的发展模式。

中国取得成功的企业远不止这些！在当前激烈的国际竞争背景下，还有许多工业、银行业、金融业、医药业、保险业以及在通信、建筑、能源和其他领域的集团公司表现突出。

中国的跨国企业

几年来，中国的大集团，例如各银行和保险集团，也表现出了对主要国际集团的兴趣。

中国各大集团参与到全世界的合作中，例如美国、英国、瑞士和其他大洲像拉丁美洲和非洲……

这里，我们只列举其中一些：

● **中国移动**，是中国也是全球第一大通信运营商，拥有5亿用户。

● **中国海运**，海上运输专家，规模庞大：拥有440艘船舶，5支舰队。

● **中国中化集团**，中国医药领域最大的公共企业，《财富》杂志上榜企业。

● **中国铝业公司**，生产和销售铝制品的世界领军企业，大力发展国际合作。

- **中国石化**，中国第一石油精炼厂，发展势头强劲。
- **中国石油天然气股份有限公司**，与中国石化天然气集团公司并列为中国最大的石油集团。
- **中国太平洋保险**，中国最大的保险公司。包括中国人寿保险在内的保险业在中国蓬勃发展。
- **中国工商银行（ICBC）**，世界最大的银行已不再是美国的，而是中国的银行！
- **宝钢**是中国第一大钢铁生产商，这个世界钢铁巨头从未停止成长的步伐……

四　未来的世界

中国能买下整个世界吗？实际上，根据其目前的经济实力和增长势头，我们可以向自己提这个问题。凭借数百万亿欧元的外汇储备，中国的一些企业已跻身世界五百强企业之中！

此外，这些国际化的中国企业从未停止前进的步伐。值得一提的是：中国同时也将眼光放在其他分支领域和行业上，以谋求世界第一的地位。

中国正在国际化

举例说明中国在世界以及在你我身旁——巴黎的真实形象。

例如，位于法国拉德芳斯商业区的帕卡蒂姆大厦工程将由中国远大集团承建。远大公司以低于竞争者25%的价格签下了部分合同。

据法国建筑联合会称，在巴黎这是头一回发生这样的事。中国的竞争不断地刺激欧洲建筑人士的神经。这好比法国人、西班牙人或德国人看到他们的领导地位在非洲受到质疑，现在以更快的速度在欧洲遭受同样的命运。

中国企业全力奋进，它们凭借着自己的风格、方法、工程师、高管人员、工人和机器设备，势不可挡。

中国房建及公共工程建设在国际上所取得的成功，是否意味着欧洲和法国房建及公共工程建设的末日？事实并非如此，这种竞争是有两重性的。全球化已将世界变成一个巨大的村庄，中国的高速发展只为她带来“倾销”的罪名。

在此领域，中国企业取得的成功与他们灵敏的反应、英明的决策、强大的团队和智囊团[1]密不可分。这些实力亦是招标、建设和基础设施管理过程中必需的。

同时，中国企业已建成了一批能够研究和应对各类招标的智囊机构、专业经济团队和风险预测小组。他们反应迅速，甚至能预测某些项目……面对世界市场，中国房建及公共工程建设企业不仅凸显优势，还先发制人！

1 智囊团或风险团：指专门研究合适的投资环境、投资机会为招标迅速提供材料的智力小组。

中国房建及公共工程建设总产量[2]　　（10亿欧元）

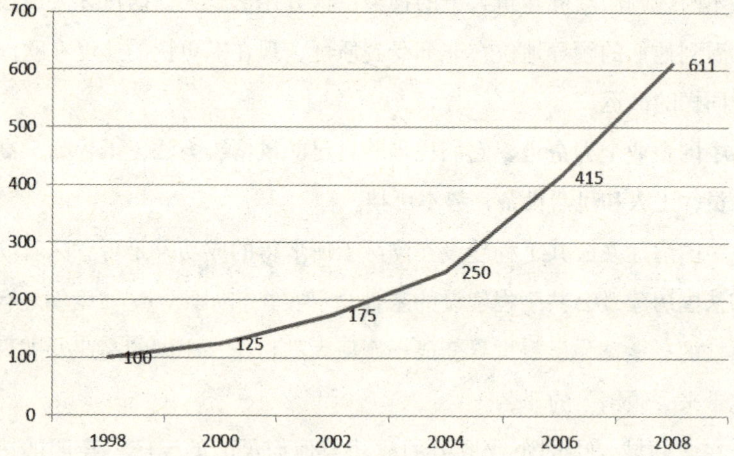

2009年，世界十大土木工程和建设公司（依据营业额）**是哪些？我们发现其中一半是中国企业[3]。**

荣登此榜的是法国万喜集团和布伊格集团、西班牙的ACS集团、中国的中铁股份有限公司和中铁建设集团有限公司，接着是德国的豪赫蒂夫公司，中国另外两个企业紧随其后：中国交通建设股份有限公司和中国冶金科工建设集团公司。可见，其中一半都是中国企业！

2010年，十大土建公司有了新变化！领军者万喜和布伊格分别降到了第三位和第四位！

最新一项有待核实的排名指出，万喜集团不再是世界第一大承建商。美国《工程新闻记录》杂志报道称，据其对万喜集团营业额等相关数据的分析：目前，这位法国领军者可能降至世界第三。

2　来源：法国驻中国大使馆（www.ambafrance-cn.org）和中国数据库。

3　《财富》杂志：世界五百强。

2009年世界建筑施工企业排名

1	万喜集团（法国）	6	中国建筑工程总公司（中国）
2	布伊格集团（法国）	7	豪赫蒂夫公司（德国）
3	ACS集团（西班牙）	8	中国交通建设股份有限公司（中国）
4	中国中铁股份有限公司（中国）↑第二	9	中国冶金科工集团公司（中国）
5	中铁建设集团有限公司（中国）↑第一	10	福陆公司（美国）

《世界报》[4]报道，万喜和布伊格很有可能被营业额413亿欧元的中铁建设集团有限公司和营业额为391亿欧元的中国中铁股份有限公司取而代之。

据美国杂志的排名，布伊格可能已经降到了第三位……如果这些数据和排名得到证实，那么它将说明中国建筑施工企业实力的突飞猛涨。

当然，目前中国并没有将全球所有领域囊括手中，尤其是一些重要领域。诸如：制药业、农产品加工业、娱乐业、奢侈品行业等。与此同时，我们不能否认的是：它已经毫不留情、迅速地占领了大片领地。

未来的统治地位

而今，中国致力于在20年内成为众多领域的领军者，如：房建及公共工程建设、科技、保险、能源、交通、石油燃料、信息、电信业等。

中国——这个经济帝国，与一些国外、亚洲、日本的企业一起共同发展。如：为微软、索尼、诺基亚等知名品牌生产电子配件的富士康集团。富士康每分钟能生产137万部苹果手机，它在中国共有92万名雇员，分布在20个不同的城市，其中深圳就有员工47万人[5]。

4 来源：《世界报》，Isabelle Rey-Lefebvre，2010年9月22发表的文章。

5 来源：《观点》2010年10月7日。

如果在中国公布的数据让人头晕的话，那么下面的例子则能说明问题。它揭示了中国在汽车产业等战略性产业上的实力和雄心。此外，北京已明确将倡导电动汽车和混合动力汽车。作为第一大消费者、生产商和销售商，中国的进步也毫无疑问说明了这一点。

中国汽车产量[6]

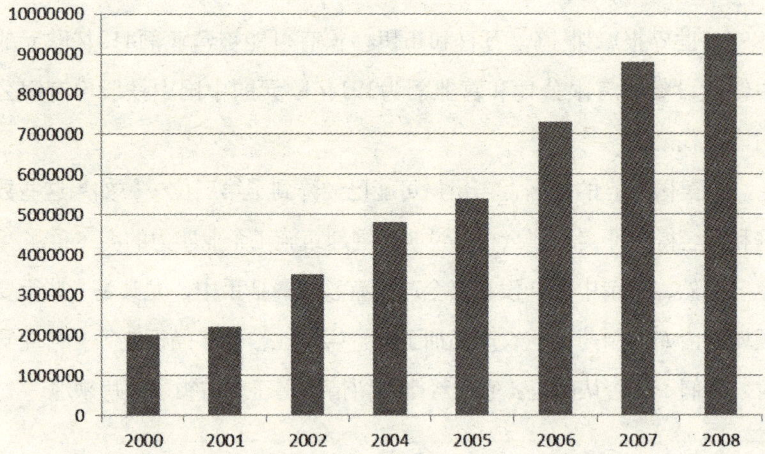

面对中国制造汽车的抢购风潮，中国汽车生产被卷入一场国内国际的速度竞赛中。我们将需要熟悉一些新的牌子和新的生产商，如：奇瑞、长安、东风、比亚迪、江淮汽车、长城、华晨和吉利。

这只是开始

中国汽车制造商收购了一些国外品牌，并将在世界各地设立生产中心。继在意大利和保加利亚之后，中国汽车制造商长城将在北欧一些国家推出它们的系列产品。

6 同上。

在三年的时间里，汽车行业斗转星移，从欧美转向亚洲，又从亚洲转到中国！被中国民营汽车制造商——吉利从福特旗下收购后，瑞典汽车制造商沃尔沃从此就是中国的了。

在与外国企业签订一些协议，收购一些外国公司后，中国汽车工业仍处在不断地重组之中。

2010年，中国以1800万辆的惊人销量，在全球市场上首屈一指。

但欧美汽车制造商，如标致、雪铁龙、雷诺、奔驰和其他品牌，在有着很好销售潜力的新兴国家也有很大的发展前景。它们也因此在这些国家进行了大量的投资。

这些集团依靠国外市场增加其销售额，由于国内市场已趋饱和，所以他们更乐意在中国这片汽车销售乐土进行生产。我们可以期待着到2020年，中国品牌能组成一道亮丽的风景线。

同时，中国也致力于矿石领域，并无可非议地成为了世界领导者。此外，中国在其他众多领域也是世界第一：

- 玩具：中国的玩具产量占世界总产量的三分之二；
- 手机：50%以上的手机产自中国；
- 彩电：世界第一大彩电生产商；
- 电子设备：大部分产自中国；
- 汽车电池组：世界领先地位；
- 电灯泡：占世界产量的80%；
- 太阳能电板：世界第一大生产国；
- 风力发电机：世界第一大生产商和使用商；
- 皮毛：世界第一大进出口商；
- 家用电器：大规模生产；
- 纺织品：中国制造取得巨大成功；
- 钢铁：出口世界市场。

如果世界上三分之二的小家用电器产自中国，那么它的发展策略就是基于革新、新技术和未来的运输工具，如火车、飞机、火箭和一些高端服务……

中国的水泥、照相机、打火机、大葱、小麦、烟草、自行车、鞋子等产量已经跃居世界第一。到2030年，它又将目标锁定在电信、石油原料、保险、银行、造船业等领域，并取得了领先地位。

二十年后，世界将是中国的摸样……

2011年的中国已不是2000年时的模样了。其建核电站的数量已是世界第一。

中国计划在2015年成为世界造船大国。它将是世界出口的最大赢家、科技革新的旗手、地球能源的领航者、绿色科技的前锋。

我们不再关注那些法老式的计划，也不再关心中国在经济上是否有野心。重要的是中国致力发展于风力发电、太阳能电板、电动汽车、甚至还有电池，中国从此将在各个领域成为世界领军者！

五　中国花卉出口

中国的雄心和激情犹如北京、上海、广州、天津的花卉市场一样，欣欣向荣。

用花说话

北京平谷区14667公顷的桃花吸引了大量的游客。随着中国经济和人民生活水平的快速提高，人们越来越喜欢欣赏和种植鲜花了！

近些年，从中国企业富有诗意的名字中，我们就可以看出种花和园艺业在中国蓬勃发展。这个产业迅速发展，已一跃成为最赚钱的行业之一，同时走出了国界。

2011年，中国的花卉面积已达到25万公顷。

在二十年间，昆明边上的种花小城——斗南[7]已蜕变成第一大国际花卉市场和亚洲花卉种植中心。

云南花卉协会雇佣了102000个农村家庭，养活了400万人。它主要种植一些鲜切花、玫瑰、黄色雏菊、兰花等。目前，已有约400家公司从事花卉园艺事业，这在一定程度上解决了该省的贫困问题。由于气候温和适宜，中国拥有约18000种植物物种，堪称植物王国。

一切都始于1994年。那一年，云南一些农民聚在一起成立了一个合作社。今天，它的鲜切花年产量已经达到2.1亿株，这个数字已超过上海市的花卉总产量！

投资者的追捧使这个行业像烟草业一样，呈现一片繁荣景象。云南人为了弥补较晚进入市场这一损失，在国际市场销售鲜切花。每年为当地带来4亿欧元的收入，占中国国内市场的一半！

鲜花市场的年营业额达到22.7亿欧元，为国家创造6000万欧元的外汇收入。北京、上海、广州、天津等城市在园艺业方面也取得了显著成就。

云南花卉市场的美好未来

2020年，云南花卉市场和它的国际机场将要迎接3800万名游客（2009年已达到1900万人[8]）。

云南的烟草工业将约100万欧元投资在这个具有巨大潜力的产

7 在云南省境内，中国西南地区。

8 《深度中国》第十六期，2010年10月。

业。这令人吃惊？一点也不。在中国，不同领域的投资商会抓住每一个机会，他们尤其关注本地区的发展。这个地区在经济上取得的成功，使得中国成为世界主要鲜切花花卉贸易中心之一。

这次飞跃的实质是多产业的蓬勃发展。诚然，要达到荷兰的鲜花产量，我们依然有很长的路要走。但是，在中国一切皆有可能！在五年[9]的时间里，凭借科学的计划和先进的物流，鲜花出出口额已经增加了25倍。在云南斗南，10000多个零售商每天销售1200万株鲜花，其中玫瑰占到33%。

当地政府的计划是到2020年，高档鲜花出口量增加50%，为进一步消除农村贫困再添动力。

这个目标已经取得了部分成功。一些中国花卉公司已成为荷兰最大的鲜花拍卖公司——阿斯米尔鲜花拍卖公司的重要合作伙伴。中国人非常喜欢鲜花，我们可以想象，在未来的某一天中国将成为世界鲜花市场的领军者！

六　中国摩托车业的发展

如果汽车的未来是在中国，我们同样能在这块土地生产大量的电力自行车、摩托车、山地自行车、滑行快艇等。摩托车制造商巴山和鑫源，使重庆成摩托车之都和全国摩托车越野大奖赛的举办地。巴山和鑫源一起将重庆打造成了摩托车与摩托越野车之都[10]！

电动自行车在中国取得了令人惊讶的发展。在这里，它的产量飞速增长。目前这个国家的道路上行驶着超过2.5亿辆的电动自行车。

电动单车以电池为动力源，它在上坡时更加省力，并且在中国受

9　从2003年到2008年。

10　一种单座或双座的敞篷越野车，通常有三个或四个轮子。

到了广泛的欢迎。中国拥有超过1000家的两轮车生产商和高达1400万的巨大的两轮车年产销量。从新世纪初投入这个市场以来，中国的制造商们已经达到了电动自行车制造行业的最高技术水平。

的确，中国的电动两轮车和摩托车经常针对的是最基层的人群，而且在主要的高速公路上它们已经完全没有了它们的位置。但不可否认的是，它们是在城市中快速往来和在堵车的拥挤道路上自如穿梭的王牌交通工具。在大中城市、在乡村、在郊区和在大学校园里，它们的身影随处可见。

根据不同国家的需要，中国向包括发达国家和发展中国家在内的世界各国出口它的越野摩托车、电动自行车、优质摩托车和不同排量的小轮摩托车。

让我们来看看重庆力帆集团公司的情况吧。它是最大的私营摩托机械制造商之一，拥有5000名员工和超过200万个发动机和约100万辆摩托车的年产量。每年力帆集团都向市场投放最新款的发动机和摩托车。就这样，正在向高科技转型并拥有一个1200平方米的经济区的重庆市成为了“摩托车之都”。

对于发展中国家或者西非国家的人们来说，选择很简单：他们买一辆日本摩托车的钱足够用来买两辆中国摩托车了！非洲的摩托车市场拥有黄金国的魅力，就像在尼日利亚——非洲人口最多的国家，90%[11]的摩托车是中国制造的。

世界上大约50%的摩托车来自中国，中国从1994年以来就是世界第一大摩托车生产国。

在欧美等发达国家，大量机动车驾驶员正转向替代品：为了更换他们费油的汽车，为了在越来越严格的限制下更方便地停车，为了更快地在城市中往来穿梭或者为了拥有另一个更加适应城市交通的私人

11 来源：《世界报》：2008年4月19日。

交通工具。

技巧、创新和廉价

中国产品模式成功地出口到了西方。中国的小轮摩托车和新式越野摩托车征服了欧洲。电动自行车、高档摩托车和“迷你摩托”销量都在节节攀升！

多种多样的中国两轮车和摩托车以其极富竞争力的价格吸引着越来越多的欧洲客户，有时它们的质量也很好。比如，传奇般的法国豆豆车（Solex，一款动力引擎脚踏车）就因此又回来了！这款车1946年问世，并在取得了800万辆的销售记录后于1988年停产。从那时起，它没有再生产过。多亏一位中国投资者的独具慧眼，那些对这款独具美感的车恋恋不舍的人们终于有机会再一次买到它的21世纪重新改装版了。这款“新一代”的豆豆车是由著名的意大利设计师Paninfarina设计的，他也是法拉利的设计者。

E-Solex这款使用电池的新一代豆豆车产生的噪音更低，也更加实用和轻便。通过中国人的创新，它回到了法国。

七　酒庄、葡萄酒和其他酒精饮料

但中国人并不只对摩托车的出口感兴趣，他们现在如果开车只能喝很少很少的一点酒……因为道路交通检查变得系统化而且更加严格了。如果中国是世界上最大的啤酒市场，它同时也消耗着越来越多的葡萄酒。

世界上的葡萄酒也在中国

中国人越来越爱好优质的烈酒和葡萄酒了……而且他们生产这些酒！这代表着一个巨大的潜力。

这是一个与他们的购买力和时尚效应相关的现象。中国人爱追逐时尚，他们也越来越重视葡萄酒。法国在2010年以4.19亿箱的产量重新夺回了世界葡萄酒生产的领头羊地位。与此同时，中国商人也对这个新市场产生了兴趣。他们分配和在国内销售葡萄酒，并在法国投资。

虽然法国葡萄酒在中国拥有极好的声誉和高昂的价格，但它仍然受到了来自像澳大利亚这样的新世界国家和加利福尼亚葡萄酒的竞争，甚至中国葡萄酒都对它造成了威胁，它们中的一些同样久负盛名。

中国人很重视品牌。拉菲牌的葡萄酒或者XO牌的白兰地酒会比一种他们认为更普通的葡萄酒或白兰地更好卖。如果一种酒卖得比较便宜，中国人会认为它质量不好，同时他们也非常注重包装和标签。而且他们需要得到许多品牌和产地的标志。

法国的葡萄酒在中国很流行

除了著名的拉菲堡葡萄酒，还有哪些葡萄酒是最受中国人欢迎的呢？对这一特级酒庄的热爱没有停止：几个月前还很难卖的一些年份的葡萄酒现在在拍卖会上以惊人的成绩被卖出！

因为知道中国人对名酒感兴趣，拥有拉菲堡的罗斯柴尔德男爵产业集团正计划在中国的山东半岛打造一个顶级酒庄。

中国已经是亚洲第一大葡萄酒消费国，它也即将成为世界第八大葡萄酒消费国。中国葡萄种植业的收益从2000年起以平均12%到20%每年的速度增长。

三大中国品牌占有主导地位——长城、张裕和王朝，这些品牌开始走向国际。中国人学习得很快而且他们拥有优质的葡萄品种、种植技术和大量适宜各种葡萄酒生产的土地。他们现在还在为品种的选择感到迷惑，主要去法国学习“葡萄酒文化”和它的品酒技术。

欢迎来到法国的葡萄种植园

例如法国黎塞留酒庄（Château Richlieu,根据弗朗萨评级为特级酒庄）的主要股份被香港国际集团（Hongkong A&A International Holding Grouop）收购。

怎样补充未饱和的中国法国葡萄酒市场呢？跃跃欲试的中国人和想要使他们的高档出口商品增值的法国人同样面临这个问题。我们是不是不够积极呢？

中国成为了葡萄酒消费和生产大国。从总量看这个国家已跻身十大葡萄酒消费国行列，它的酒类产量也在不断地增长。

八　中国的百万富翁和亿万富翁

中国的百万富翁和亿万富翁在成倍增长，并创造了新的记录！

不管是来自中国大陆、香港、台湾、澳门，还是新加坡，或是世界各地的华人聚居地，在中国他们的数量正以每年60%的速度增加。这就是为什么他们是中国和法国最好的顾客！

远离危机

大量的财富在北京、上海、海南岛（位于中国南部）和国外被挥霍……他们通过他们的公司、房地产、股票、娱乐产业、煤矿业、炼钢业或造纸业发财。他们在一小时内购买一辆价值八十万欧元的汽车，在法国购入房产和城堡。

一位中国游客在巴黎机场购买了总价达破纪录的46423欧元的商品和名酒，其中有一大瓶1991年份罗纳河畔拉塔希酒庄生产的葡萄酒，它价值19990欧元！这些亿万富翁同样热衷于像游泳、高尔夫或者曲棍球这样的娱乐休闲活动，但他们最喜欢的是旅行。

中国将在2020年前成为世界最大的奢侈品消费市场，满足这些财富和商人的需要。

这些新富豪们为世界奢侈品牌构造了一个实实在在的黄金国。中国拥有世界最多的人口和飞速发展的经济，中国市场大有前途！

在几年之间，北京已经成为了劳斯莱斯公司仅次于迪拜和阿布扎比的世界第三大市场[12]。已经在中国拥有20多家店铺的世界著名珠宝商卡地亚则刚刚重开了其在香港王子大厦的老店。

中国成为了奢侈品和超级奢侈品的橱窗……相关公司在海南会展进行了自我展示，海南是一个中国南方的热带岛屿。

中国的富人花费更多

举个例子：为了成为香港赛马会（一个建立于英国殖民时期的著名博彩和马术俱乐部）的会员，你每年需要花费25000欧元。

12 来源：网站 chine.aujourd’huilemonde.com。

中国目前以庞大的亿万富豪数量雄踞世界第二位，仅次于美国。

中国最富有的家族[13]

	姓名	企业	行业
1	宗庆后	娃哈哈	饮料
2	李锂家族	海普瑞	制药
3	张茵	玖龙	造纸
4	梁稳根	三一重工	机械
5	李彦宏	百度	搜索引擎
6	严彬	华彬	饮料，地产等
7	刘永行	希望集团	动物饲料
8	王健林	万达	地产
9	张近东	苏宁	家电，地产
10	许荣茂	世茂	地产

中国的百万富翁和亿万富翁数量激增

尽管遇到经济危机，中国仍拥有超过200位拥有超过十亿财富的富豪和约415000[14]位百万富豪（以欧元计算[15]）。这个数字仍将增加！

中国拥有世界上第三多的百万富翁并将很快成为第一！“中国富人”的排名根据西方或亚洲研究院的不同的标准变化而变化。依据胡润调查的结果，中国最富有的人种可能只有三分之一是中共党员。

在128位拥有十位数的资产的富豪中，有9位的年龄不到四十岁并且有11位是女性。在与香港比邻的南方大都市深圳居住着数量最多的亿万富豪（17位），其次是北京（15位）和上海（10位）。

13 来源：网站 old.hurun.net。

14 来源：法新社，2008年。

15 根据波士顿咨询公司（BCG）进行的一项研究，从2008年底到2009年底，以美元衡量的拥有百万资产的家庭数量剧增了60%。

值得注意的是，根据福布斯亚洲榜，中国最富有的400个人中有10%的人的财富部分或全部来源于中国产业。根据这个榜单：

宗庆后高居榜首：2010年，这位娃哈哈饮料的董事长拥有87.5亿欧元的财富；

李彦宏在赢得了30亿欧元的收益后，以53亿欧元的资产排名第二（他在胡润排行榜上排名第五）。2010年，其公司——百度——的股价升高了143%。

梁稳根以43亿欧元的资产排名第三（胡润榜上他是第四名）。

王传福的排名下降。在缩水11亿欧元后，其资产为31.3亿欧元。

世界上最富有的女性中有一半以上是中国人。吴艳菊是中国最富有的女性，她与她的家人一起拥有高达34亿欧元的净资产。中国有许多有钱或十分富裕的女性。她们的特殊性在于：她们全都是通过自己累积的财富。

深圳、北京和上海是拥有最多百万富翁的地方，此外还有广东省和与上海接壤的浙江省。在非典型的中国富翁中有像王先生这样出生在海南省一个贫困的农民家庭的人。在深圳做房地产发家后，他买下了一部分三亚沙滩用来建立一个海滨娱乐场。

一个富裕的村子

在中国，华西村也是常被提及的一个以“致富之路”、“财富之村”闻名的南方村庄。它被作为社会主义科学的范本。这是一个社会主义和资本主义并行不悖的地方。据村民们说，财富在这里不被认为是罪恶的，它带来了幸福。

在这个村庄里，居民的平均收入在2010年大幅增长到了近7000欧元，这是中国农民平均收入的20倍。当然这还没有达到我们上面提及过的百万富翁水准，但是与过去相比中国农民的收入确实有了显著的提升。

例如，华西村的一个女村民告诉我们，在华西村一个小学女教师一年能挣22400欧元。她和她的家人一起拥有几辆汽车和一栋非常漂亮的房子。这个村庄从纺织业、工业和冶金业获取财富。只有在村庄内居住的人才有权领取按股份分配的财富。

陈光标的传奇故事

42岁的他出身于江苏的一个非常贫困的家庭。他的童年是在“肚子饿”和多重贫困中度过的。今天，他变得十分富裕！然而他并没有把他的财富留给他的孩子们，而是把它留给了那些最贫困的人。他说：“我不会给我的孩子留下一分钱。我是白手起家的，他们同样也可以做到。”

陈光标通过他的爆破和再生资源利用公司赚取了超过5600万欧元。在他看来，中国人应该更加团结。他决定在他去世后把他所有的财产捐赠给穷人。这个中国企业家和慈善家成功地说服了100多位同胞。他响应了由美国亿万富翁沃伦巴菲特和比尔盖茨发动的募捐。

陈光标成为了中国媒体的宠儿。

这个样本在中国被媒体广泛报道。那些新兴的百万富翁和亿万富翁们热衷于享受富裕舒适的生活。

在中国，当人们有一点权力或者有金钱的时候，他们就会的四处炫耀。如果一个人很孤独的话，那就是一种作为富翁的品质，因为“他成功了”。

所有人都希望拥有财富……但其中相当一部分人没有忘记他们的

根，他们生活得更加简单，此外也更加谦虚。

九　赌城澳门

中国游戏七巧板，拥有悠久的历史，也曾以“中国式难题”的方式在世界上广受关注。

但是中国如今的娱乐，已经变得现代化了，中国人非常喜欢开玩笑，参加娱乐活动，和朋友吃饭，打保龄球，去KTV唱歌和进行各种各样的游戏和竞赛——围棋、麻将、扑克，酒吧的掷骰子游戏，网络互动游戏等等。在通讯工具QQ——中国的MSN上，我们能找到大量的游戏，其中就有在网络上风靡一时的“QQ农场”：在游戏里人们可以购买种子、土地，还可以种花，进行交易。

这种热情在澳门[16]得到了充分的发展。在小国新加坡也是如此。它在开设了第一个赌场后，高调宣布进入博彩市场。2010年，特别行政区政府允许开设两家超级赌场。这样一来，从2011年开始，澳门就成为亚洲博彩业帝国，而新加坡只能屈居第二。

澳门半岛位于香港西南70千米，其货币是澳元（MOP）。这是中国唯一允许经营博彩业的城市，已有150多年的博彩业历史。澳门是世界赌城，其影响力和重要性远超拉斯维加斯。

博彩业不断发展，为澳门带来94.5亿欧元的收入，占澳门地区生产总值的63.9%。

16　在1999年回归中国以后，澳门享有特别行政区的地位。这个半岛面积29.2平方千米，仅有541000位居民。被葡萄牙殖民者统治了超过四百年的澳门是亚洲和中国的最后一个殖民地。

赌场收入占澳门地区生产总值的比重[17]

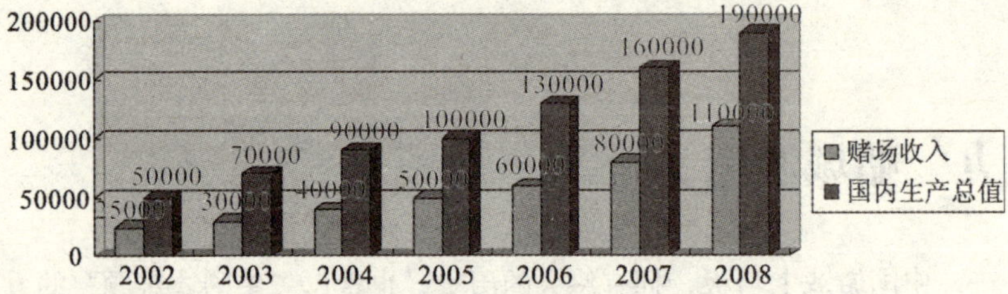

年人均生产总值21260欧元

澳门拥有30多家赌场，赌台、老虎机、线上游戏、巴卡拉、21点、轮盘游戏桌一应俱全。博彩业为澳门带来的收入超过拉斯维加斯和亚特兰大博彩业所创收入的总和。

拉斯维加斯某集团的子公司澳门威尼斯人的奢华酒店有16000名员工，3000个房间，750张赌台，让人眼花缭乱。澳门，这是世界最大的赌场！

澳门前社会文化司司长崔世安，2010年当选为澳门行政长官，管理澳门，惩治腐败。他希望做一名“白骑士”，倾听群众的声音。但另一位显赫的人物控制着这座城市。

88岁的赌王——何鸿燊

何鸿燊，40年来一直是澳门名副其实的博彩教父，亚洲富人榜中排名19。他拥有19家赌场、5家酒店、1支直升机队、数座中心商业楼、1个跑马场……这块前殖民地70%的收入都来源于他。

---

17 来源：http://french.china.org.cn。

不管对中国人还是对外国人来说，澳门都是块旅游胜地。这里的建筑遗产融汇了欧式和葡式建筑精髓，同时又与中国传统建筑风格融为一体，东西方文化在此交汇。宜人的气候、美丽的建筑和美食使澳门魅力倍增。

澳门约有人口54.1万，每年有2700多万游客来到澳门，是常住人口的50倍。

不利于经济多元化？澳门对博彩业的依赖也引起了经济和社会问题。

澳门立法会议员李从正认为，“年轻人可以轻松地在赌场里找到一份待遇不错的工作，所以它们很多人不去上高中或大学。”

当局希望在澳门发展多元化地域经济，依靠多种元素发展经济，比如举办活动、文化、贸易、新兴企业、组织会议如各种展览等。

博彩业繁荣发展，带来巨大受益，但是经济和社会的其他方面跟不上它的步伐。因此，澳门要利用赌场创造的巨大受益在其他产业进行投资。

澳门太小了，容纳不了更多的游客，不允许发展更为多元化的经济。所以它的发展只能一条直线走到底。

澳门不断发展，日新月异，这个城市回归十年之后已经很难认出来了。不变的是，它仍然是一片世外桃源，仍然是一个不寻常的城市。在这片29平方公里的土地上，处处体现着独特的生活艺术——生活小区，具有历史意义的市中心（已被划入联合国教科文组织世界遗产），南方美食的味道……

澳门是中国和西方第一次也是时间最长的一次接触的唯一见证人。这个战略港口在国际贸易的飞速发展中起着重要作用。这个城市是“另一个中国”，它像香港一样令人眼花缭乱，美丽着、骚动着。

十　中国，世界奢侈品天堂

11年前我刚来北京的时候，天空因污染而阴沉灰暗，空气潮热，除了中国人民的热情，我对其他方面实在不敢恭维。

当时这个国家与现在全然不同，它的首都设施落后，没有西方消费品，比如咖啡馆、面包、奶酪等。

初来乍到，要寻找稀有的自动售票机、投宿的旅馆、西方餐厅，要乘坐老式汽车，在令人难以置信的自行车队中穿梭，和着装低廉的行人擦肩而过。

2000年高温时，北京市民在地上铺垫子睡在上面，用私人固定电话做长距离交流。10年中，一切都变了！

从那时起，工厂被迁移、摧毁或翻新，新式宏伟的建筑在一片更蓝的天空下耸立起来，在2008奥运会转播的电视广告短片里耸立起来。

中国的大都市里出现了非常现代化的小区，提供设备、服务适配器、商务中心、高科技工业区、现代办公室、公园、运动场地等。今天人们追求各种休闲娱乐方式，享受光电之夜和娱乐的氛围——这是一个变革的社会、沸腾的社会！

私人的消费

十几年前，我的很多勤奋的中国朋友——不管是中层管理者还是学生、老师——既没房也没车。现在，他们当中很多人的生活都迈上了小康水平。

他们将更多的时间和精力投入到家庭当中，去俱乐部、剧院、博物馆、商业区和时尚的地方，去迷人的公园散步，频频光顾商店和商业中心，在亚洲、欧洲和其他地方旅行……他们有漂亮的房子和很多的计划！

这一时期之后，中国人的性格没有发生过实质性的变化，他们一直这样给人好感。

当然，个人主义也发展了，中国社会相比于这一时期前进了，社会阶层分化，生活方式改变，迅速城市化都说明中国社会前进了。

同时，对消费、奢侈品和财富的胃口在中国大行其道，中国人追求更高的生活质量……这么大一个国家突然出现并迅速取得巨大的经济成就，在现代历史上这是第一次。这一切成为中国整个国家发展和加速的重要杠杆，中国将引起国际反响。

奢侈品登陆中国

过去十年中，各种各样的奢侈品进入中国市场并取得了巨大成功！

今天，中国蓬勃发展的消费产业得到巩固，奢侈品行业也一样。国内市场的所有行业都有巨大发展，它挑战判断力。这不是美国梦，不是法国梦，而是中国梦！

国外奢侈品——从最小的品牌到最知名品牌都已入驻中国，其中大品牌更为常见。国内市场比以往任何时候都展现出中国经济的腾飞（现在和未来至少30年）。

沃尔沃（Volvo）、宝马（BMW）、奥迪（Audi）和其他品牌的车子已经取代了旧的交通工具。交通干线和城市中最安静的道路两旁都是迪奥（Dior）、古驰（Guicci）和各大银行的商标，取代了旧时的棚子。

不管是在走动着还是停下脚步，保时捷（Porsche）、兰博基尼（Lamborghini）、阿斯顿·马丁（Aston Martin）、路易威登（Louis

Vuitton）、普拉达(Prada）和其国际品牌的橱窗随处可见。人们已经对这个富足又现代化的新世界习以为常了。

千禧年之前，中国人更多的是用一种虚荣和功利主义的眼光看待奢侈品。之后，随着中产阶级收入剧增和由此带来的消费持续快速发展，中国发生了翻天覆地的变化。

法国精品行业联合会（Comité Colbert）经研究给中国的奢侈品提出的概念是：价值大，价格高，贵族品牌。

我觉得中国的奢侈品牌反映了新的生活艺术，把创造性、讲究、乐趣、教育和历史都联系在一起。奢侈品行业在中国发展得很好。许多著名成衣品牌在中国发展，这里的奢侈品市场为它们提供了无限的前景。奢侈品建立在社会学差异、地域差异和类别差异的基础上。

我们注意到中国拥有具有国际标准的教育程度高的有产阶级群体。这一群体中高收入的年轻人与上一辈截然不同，他们在18到30岁之间，他们是消费者！这一趋势不断发展，奢侈大行其道，成为很多中国人的追求和需求，很多有收入的更年轻的人也在其中，他们喜欢品牌服装、奢侈首饰等。

21世纪，中国的奢侈品世纪

在中国的奢侈品牌有：

2000年：范思哲（Versace）和江诗丹顿（Vacheron Constantin）来到中国；

2001年：蒂芙尼（Tiffany）第一家店开张；

2004年：乔治·阿玛尼（Glorgio Armani）首次到访中国；

2004年：卡地亚（Cartier）在上海举办展会；

2005年：百达翡丽（Patek Philippe）和华伦天奴（Valentino）第一

家店开张；

2005年：普拉达（Prada）在上海举办展会

2006年：劳力士（Rolex）入驻北京

2007年：芬迪（Fendi）在长城举办时装会

2008—2011年：世界所有的知名品牌都已入驻中国

中国所有城市里的世界奢侈品牌越来越多：阿尔弗雷德登喜路（Alfred Dunhill）、古驰（Gucci）、路易威登（Luois Vuitton）、克里司汀迪奥（Christian Dior）、杰尼亚（Zegna）、爱马仕（Hermès）等等。中国人在弥补失去的时间。对这个国家来说奢侈品成为了新的爱好。

拥有一辆有型的汽车或漂亮的奢侈品是社会发展的标志。高级奢侈品牌渗透到各个领域：化妆品、美容护理、时尚首饰、新款iPhone、品牌手表、酒、魅力汽车。

至于中国人最喜欢的品牌，人们在调查中得到的答案多种多样，比如：迪奥（Dior）、香奈儿（Chanel）、路易威登（Louis Vuitton）、蒂芙尼（Tiffany）、古驰（Gucci）、兰蔻（Lacôme）、娇韵诗（Clarins）、雅诗兰黛（Estée Lquder）、倩碧（Clinique）、奥迪（Audi）、奔驰（Mercedes-Benz）、宝马（BMW）、宾利（Bentley）、卡迪拉克（Cadillac）、江诗丹顿（Vacheron Constantin）、浪琴（Longines）、卡地亚（Cartier）、皮亚杰（Piager）、百达翡丽（Patek Philippe）、劳力士（Rolex）等等。

考虑到这个国家的财政力量，惊人的经济腾飞速度和中国人民日益增长的消费需求，答案当然是肯定的。天联广告集团（BBDO）认为，中国将成为奢侈品牌新的乐土。中国大陆会成为顶级奢侈品牌的市场！

47%的中国人认为他们的财政状况比一年前好，他们怀着前所未有生活激情和对财富的渴望，就像做着美国梦，觉得人人都有机会[18]。另外，调查还显示，中国前景看好，67%的中国人认为他们的购买力在未来的一年中会更高。

新的社会阶层很喜欢买昂贵的奢侈品，他们添置精致的住房，购买汽车、旅游，这在以前根本无法实现。

在这些新的消费者中，我们当然应该对百万富翁加以区分，他们大多在房地产或其他行业中发了财，身家超过十亿甚至上百亿欧元……

中国强大起来，国强民富，亿万富翁涌现。除了精英阶层，富裕阶层和中产阶级不断发展壮大，财富日渐增长。中国穷人越来越少了。

外企来到富足的中国，说服中国人投资，跨越国界去消费。最大的行业沙龙[19]、国际赛事和博览会在纷纷在北京、上海和广州举办。

今天我们在中国能够买到一切：国际集团的股份、股票、直升机、私人飞机、外国土地、加利福尼亚的别墅、伦敦的住所、城堡、法国葡萄种植园、巴黎特色旅馆……

高速的发展短期内不会停滞……2010年，2500万中国消费者能够负担奢侈品消费。除了追求奢侈品、财富、道德、快乐和责任，中国人想要弥补失去的时间！

威登（Vuiton）在中国市场的营业额总营业额的17%。2010年劳斯莱斯鬼怪（Rolls-Royce Phantom）的销售量增加了60%！专家预计，到2015年，中国将成为世界第四大奢侈品消费市场。这是自然，而且之后中国人一定是世界第一奢侈品消费者。

当然，中国仍然存在很大的收入差距，很多人还在为达到中等生活水平而奋斗。但越来越多的人购买力越来越高，中国人在逐渐向小康生活迈进。

---

18 天联广告2009年9月的消费者研究报告（BBDO Voices）。

19 例如北京车展已经成为各媒体的头条。

十一　中国与西方：两个世界

世界上最古老的一本兵法书出自中国军事家孙子，比我们《战争的艺术》早了五个世纪。此后，在亚洲和西方同一主题的著作不断涌现。据这些作品反映，中国统治者遵循代代相传的价值观，依据他们的知识、文化和国家力量来治理国家、指挥攻守。企业、社会集团、家庭、朋友都遵循这些价值观。有些人受教育、周围环境或自身经历影响，有着独特的准则、态度和行为，他们也同样遵循这些价值观。

西方长期以来一直忽略亚洲大陆包括中国，对那里的风俗习惯知之甚少。因此，在几千年里，中国自己的思维方式、观念和集体主义精神——区别于我们的个人主义精神——不断得到巩固。

不同的风俗习惯

想了解中国，要先闭上眼睛，忘记自己的价值观，向中国文化敞开胸襟，以便更好地了解它们。对其他与自己国家有着不同思维的民族也是一样。

当前,经济全球化步伐日益加快，各个国家与地区之间的贸易往来日渐频繁，新通讯技术迅猛发展。在此影响下，东西方打破了往日的种种隔阂，增进了相互理解。然而，中国人与西方人的思想原则和战略立场一直以来从未统一。这是因为，试图理解对方并不意味着依附、追随，或者是采纳他们的观点，而是允许他们有自己的观点，允许他们的观点与我们的不同。

中国人不能很好地理解西方人，西方人也无法很好地理解中国人。东半球与西半球之间存在着差异。尽管当前国际商务贸易取得了巨大的成功，双方在交流过程中仍然存在很多误会、不理解、认知不

足和判断失误的现象。

从总体上看，“亚洲-中国”文化和“西方-欧洲”文化就像两辆在十字路口相遇的车。谁都不想与对方交锋，却都对自己的价值观、信仰、法律和思想坚信不疑。21世纪将因此迎来一个真正的挑战：相互对立——像过去一样——或是审视对方，相互交流。

所以，当中国谈论“和谐社会”蓝图或其他一些只在他们的语言和价值观中存在的字眼时，西方人很难相信这些论断的依据，很难理解他们所谓的目的，于是通常把这些话归为无聊的闲话或是布道。

同样，中国人一直以来都先入为主地认为西方世界较为理想化，在此影响下,他们也就难以效仿西方更为直接、更为切实、更为积极的观念。法国的罗曼蒂克随即成为了一种被中国人赞赏的魅力。

在这个问题上，我们和中国人都有东西要学。我们要完善对亚洲、对中国的认识，更好的理解他们的价值观：这不仅仅是欣赏他们的饮食、他们的建筑、他们的经济进步、他们的努力、他们的历史和文化……

我们需要试着更好地理解他们的哲学思想、他们战略的内在意义、他们的阶级观念、他们的集体主义精神，以及中国的思想、中国形象的文字、中国人的思维、中国复杂的社会、文化和地域。

基本原则

中国思想的基本价值标准主要有：集体主义、自立自强、脚踏实地、务求实效、矢志不渝、坚强勇敢、灵活机动、谦和尊重、与时俱进、与日俱增的自信心，以亲友为基础建立的小圈子、金钱观、成功观，以及其他在社会生活中潜在的价值标准。

除此之外，我们还要描述一些更加特别的方面，比如中国“不要丢脸”或者“不要给别人丢脸”这样的概念。中国还有很多的特别之处等待着我们去发现。

总之，像对待世界其他国家一样，如果想更好地理解中国、与中国进行贸易活动，我们首先要学会从自己的思维模式中脱离出来，即便仅仅是短暂的独立，都会有助于我们处理好东西方二元性的问题。

十二 中国也在迁移企业

为了更好更快的发展，中国在近几十年来调动了全部的资金，并大量运用其丰富廉价的劳动力。国家亟待振兴！

西方企业借此机会进入中国，获得了巨额利润。但是在迁离本土的同时，他们摧毁了其原本所在的整条产业链，并不可避免的给本国带来了失业。

当然，还不只是这些。在移资建厂的那段时间里，西方企业本身也承担着风险，投入了资金。幸运的是，如今发展中国家和中国的经济高速增长，西方国家终于得到了回报。

在这个过程中，国际企业发现，最近几十年里，亚洲同其他曾被殖民地化的国家或后殖民主义国家一样，具有很多优势：

● 劳动力丰富，社会法规少，请愿活动难以形成，工资水平极低，近乎彻底的灵活性，没有工作时间上限，可以强迫工人在本国雇员永远不会接受的艰苦条件下生活……除了有严重社会动乱或是再次爆发革命的风险！

工人在很长一段时间内就这样一直在国际企业的压迫下，辛勤工作着，省吃俭用，然后，完全独立自主地规划出他们自己的经济建设蓝图，这才有了今天举世瞩目的长足进步与发展。

然而，在取得巨大的成功之后，中国并没有在前进的道路上停滞不前，因为对于一个人口超过十三亿的国家来说，其他领域的重大变革也已经或即将到来。如果中国人民的生活水平进一步提高，那么在所有领域，中国都将成为世界典范。

中国把工作重心放在了经济建设和社会结构建设上，同时将收益再次投入到资本中以促进经济发展。

这样做的目的在于摆脱耻辱（贫穷、内战、日本入侵、分裂等等），组织人民，复兴国家，确保国家的自主，展示中国的进步以及综合国力。中国人民取得的成就是显著的，然而在1970—1990年，利润再分配却更偏向于企业所有者而并非人民大众。

时代正在为中国而改变

随着改革在全国范围内的开展，一项新政策开始实施。该政策旨在削减不平等、让全国人民分享经济增长的胜利成果：教育，退休，工资，工作时长，休假，社会保障，最低养老保障，等等。中国政府一直表示，现阶段，中国处在社会主义的过渡阶段。

富裕的省份加入到国家建设之中。一些城市的年经济增长率甚至超过了20%！在经济持续增长的同时，工资增长了，通货膨胀[20]也增长了。的确，中国的工资水平并不算高，但是50%、70%，甚至是100%的工资涨幅一点都不罕见。

大量的中国人参加了工作，因而他们的生活水平进一步得以提高。如果打听到满意的旅游信息，他们可以毫不犹豫拿起背包踏上旅途。他们也能够接受竞争，不会为频繁跳槽而感到迟疑。中国的领导干部和工程师月收入可超过1000欧元，相对于西方或是欧洲的高生活

20 2010年11月，中国官方提供的通货膨胀率为5.1%。预计下年同期将回落到4%。

成本，这笔收入在中国非常可观。在西方，工资正趋于下降，而在亚洲，工资却正在上升。

此外，中西部农村地区的发展，虽然距离实现目标还相差甚远，但是进展十分顺利。很多尚未致富、有微薄积蓄，或是对自身现状不满意的中国人回到了故乡。

中西部农村地区的经济欠发达，但具有良好的发展势头。那些重返故乡的中国人希望在此找回稳定的生活、和谐的家庭氛围，找到合适自己的专业机遇，尤其希望获得略微轻松些的生活方式。

中国人在全速前进

中国乡镇的规模类似于我们的中等城市。人们在城乡之间来往。返乡的农村人给另一些想要进城淘金的中国人空出了位置。

某些行业劳动力的匮乏，一些企业持续增长地人才需求，求职者能力与薪金比例关系的竞争等，共同构成了当前和未来中国企业迁移的主导因素。

自然而然的，起初中国企业只是在国土范围内迁移，将工厂迁至中国最贫困的发展中地区。

然而在企业迁移过程中产生了大量的问题：在哪里生产可以提高产量？在哪里生产能够降低生产成本？在哪里建厂赋税少，可操作性强，并且更具战略性？这一连串的问号困扰着中国的企业。

当然，由于在中国本土存在着持续性的就业问题有待解决，只有部分行业需要迁移工厂。但是面对上述挑战，越来越多的工业生产车间和服务机构迁至中国境外，正如西方国家曾经做的那样……不妨举几个例子：

- 中国投资的尼乐服装成衣集团（Nile Textile Group），坐落在埃及第二大港口城市塞得（SAID）保税区，苏伊士运河以北。该集团雇佣了大约600名工人，其中20%是来自中国大陆，另外80%则是埃及本地人。

● 中国长城计算机股份有限公司（CGWC）在阿尔及利亚投资建成了合资企业，专门用于生产上网本主板。

● 中国皮鞋制造商在法国多尔多涅省穆斯丹市建厂。

● 中国长城汽车在保加利亚建厂。该厂在2011年正式登陆英国汽车市场。IM集团（IM Group）成为其在英国的经销商。

地球难道不是在倒着转

中国企业，无论是微型、中型，还是特大型，都已经遍布世界各个角落，出现在各个国家和地区。如今，中国和亚洲的企业主把他们一部分生产线转移到拉丁美洲、非洲、印度、中欧……

什么时候中国将像美国和欧洲一样，成为去本土化程度最高的世界大国?

十三 国际贸易

中国打破了所有记录，为自己戴上了世界贸易第一名的桂冠！尽管受经济危机的影响，出口总量相对于进口总量有明显下降，中国在世界贸易中所占的份额仍然日益增大，甚至超过了几年来稳居榜首的德国。

世界贸易是指不同国家和地区之间的商品、服务、资本的交换活动。这项活动早在十几个世纪以前就已经存在于人类社会了，如“丝绸之路”就是人类历史上一次广为人知的世界贸易活动。

悠久的贸易传统

自公元前3世纪起，（在此之后一直持续了近1800年），多条连接亚洲和欧洲的商业通道促进了商品的交换：丝绸、香料，当时的技术以及中国的发明创造，如指南针、纸币、印刷术等都得到了传播。贸易为欧洲的经济腾飞起到了重要作用。

世界商品贸易并不是新兴事物。现代商人没有任何创造，如果一定要找出点什么，他们只是创造了一些新的“游戏规则”：政策法规，国际组织，以及对高速发展的全球化进程中贸易的广度、分配、多样性和高效性的限制。

正像丝绸之路对于商业的作用一样，国际贸易推动了经济的发展，使产品更加多样化，同时创造出经济活动中更多新的角色。国际贸易重视创新，鼓励竞争，刺激经济，有助于商品和服务的流通以及思想的交融。

因此，尽管在经济发展过程中存在着一些重大变动，国际贸易仍然有助于市场上活跃的企业发展壮大，有助于巩固世界性的经济增长。根据世界贸易组织的报告，由于中国和其他经济快速增长的发展中国家的推动作用，2010年，世界贸易总量将增长13.5%。

在中国，出口的增长为国家的发展和进步提供了资金，成为拉动经济社会发展的有力杠杆。中国不仅拥有巨大的生产潜力，而且在2001年加入世界贸易组织，这些都昭示着中国的世界化进程正在加速。中国在极短的时间内克服了金融危机，成为了国际贸易的未来领跑者。

国际市场营销

尽管受到世界经济危机和金融危机的影响，中国与世界其他国家的贸易活动仍在继续向前发展。

根据中国商务部发言人提供的数据，2010年中国进出口总额达22150亿欧元，比上年增长34.7% [21]。其中进口增长23.2%，出口增长10.3%。

由于对外部原料及多种能源的大量需求，中国进口总量的增长幅度远高于出口，与2008年相比，贸易顺差降低了36.8%。

渣打银行（Standard Chartered）经济学家公布的报告显示，到2030年，中国经济总量将达到美国的二倍，占世界总量的24%。当前，中国经济占世界总量的9%。

2020年，中国经济总量将达到182980亿欧元，高于美国的173250亿欧元。当然，在全球性经济增长的大周期中，中国不会是唯一经济总量上升的国家。

中国已经成为了日本、东盟[22]、澳大利亚和南非的最大的贸易伙伴和第一大出口国。

另外，在加强与世界各国贸易活动的同时，中国还是欧盟和美国的第二大贸易合作伙伴。欧盟、美国和日本一直是中国的三大贸易合作伙伴。

2010年，中国在全球各地贸易额均大幅增长

- **东盟**：+37.5%；
- **巴西**：+47.5%；
- **俄罗斯**：+43.1%；
- **南非**：+59.5%；
- **印度**：+42.4%；

---

21 其他数据资料：http://french.cri.cn。

22 东盟：东南亚国家联盟。

- **欧盟**：+31.8%；
- **美国**：+29.2%；
- **日本**：+30.2%

未来的扩张

中国在各大洲及在大多数国家进行的贸易活动都将持续发展。举例来说，2009年，由于受到经济危机的影响，中非贸易遇冷。而就在第二年，贸易形势就得以再次回暖，贸易额重新回升至每年1000亿欧元。

中国与日本不仅在领海权问题上存在纠纷，在历史纠葛中关系时好时坏，而且在国际贸易的战场上的争夺也进入了白热化。不久前，中国在经济领域取代了位居世界第三的日本。

中国与印度商务贸易的增长促进了双方的矛盾在一定程度上的和解，也使得两国就领土争端问题举行的相关会谈得到缓和。

至于中美关系、中欧关系，我们是该坐下来心平气和的谈话还是进行一次巨人之间的对抗赛呢？三大经济集团相互依存，关系忽冷忽热，既矛盾又复杂。

中国、美国、欧洲，时而相互竞争，时而相互合作并建立起新的力量关系和新的世界经济秩序。

但是，针对中国和另一些经济高速进步的发展中国家，人们不禁提出一个问题，西方人算不算是称职的管理者？

美国靠信贷生活，这已经一点都不新鲜了，但是这种状态是否能够长久地持续下去？2009年9月30日，美国债务已经达到87170亿欧元，相当于当年84%的国内生产总值。预计到2015年，美国外债将达到170000亿欧元。

与此同时，美国赤字仍在加剧。美国债务主要被日本和中国吸

收，当然还有少量由中国香港、中国台湾、巴西、俄罗斯、英国等国家和地区共同承担。

然而，贸易赤字这一现实问题并没有得到中国的足够重视，因为出现问题的不只是与中国相关的贸易赤字。

同赤字一样令人担忧的问题还有世界范围内美国和欧洲的巨额债务。正是由于这个问题，欧、美、中三方的贸易关系总是误解重重。如果中国——财富的积累者和就业机会的创造者的崛起是不可或缺的，无论是在中国还是在世界范围内，贸易过程中产生的逆差对于美国、欧洲这些进口大于出口的的地区非常不利。

在全球贸易的进程中，中国、印度和其他新兴国家的企业投入到一场浩大的收购竞争者的热潮中。

出于对衰落的恐惧和失去大国身份的担心，美国和欧洲不得不优先发展与中国的伙伴关系。

在过去的几十年中，疲弱的欧洲人和夕阳中的跨国企业早已帮助中国完成了超级大国的蜕变。

十四　2030年，中国与世界

作为未来世界经济与金融的中坚力量，中国吸引了所有的目光与众多觊觎者。但同时也招致了最恶毒的攻击，和对其未来的种种猜测。

西方世界招架不住了！去工业化、失业、出口额萎缩、购买力下降、政府债务居高企、投机、货币疲软等。

几乎没有专家能够预见危机的发生，他们深信未来的格局不会有翻天覆地的变化。在经济危机与金融危机的双重打击下，曾经掌舵的前世界主导者们被责令停船。这简直是当头一棒！

与此同时，新兴国家不仅抵御危机并获得了经济上的腾飞。在这场无情的变动中，亚洲，数中国第一，成为了世界舞台上的一股新力量。

多年的付出让这个前所未闻的排名显得那么合情合理。但是，西方的命运在即将到来的岁月里会是如何？这个问题亟待回答！

西方国家，怎样的局面

十年前，国际舞台上随处可见美国的身影，它曾经是毫无争议的世界霸主。

崇尚自由的单极世界在此之前选出了首领，信徒们跟随着他向敌人宣战。那时候，谁能质疑他们的金刚不坏之身？

同时，在崛起的拉丁美洲和亚洲，像巴西、中国等国家渐渐崭露头角……极端自由主义份子妄想这些国家会以这样或那样的手段，采纳他们的意见，遵循他们的路线，走上他们为其指出的光明大道。

由于过度的牟取暴利，美国的次贷危机[23]以其惊人的破坏力、速度、规模和全球范围内的影响，引发了有史以来程度最深的经济大萧条。同时从短期和长远来看，让所有的国家相互依存。

尽管缺乏长远的目光，国与国没有团结一致，调控机制出现漏洞。但事到如今最糟糕的事情仍然没有发生。这得益于银行出手相救，归功于紧急方案和货币紧缩政策，即使后两者有时候似乎在拖经济的后腿，但这不过是对于当下局面的一种狭隘看法。

23 专有名词指极具风险的贷款。

出现的问题

眼下需要回答的问题是我们能否从灾难带来的恶果中抽身……新的金融监管架构能够对全球金融和经济事务进行调控，业内人士却暗中透露出对这些新金融监管工具的敌意。如果人们相信了他们的弦外之音，那没有什么答案比这更不确定的。

在过去的几十年间，随着西方经济的所有构架受到摧毁的同时也消耗着北美洲、欧洲投资者们的信心和希望。看来江山易主的时刻就在眼前，剩下的不过是一种民主模式、一片有魅力的土地和一股居高临下的力量。

许多发达国家的领导者和企业家怀着不成熟的想法，缺乏策略，仅仅鼓吹眼前的利益。眼看着他们犯下了大量的错误，众人不禁思考世界未来的去向。

一片狼藉！然而正如人们说的那样：我们没有失去什么！世界被卷入了一场巨大的风暴，置身其中的人们不知能否，也不知道怎样从中走出……

西方国家没有发挥任何作用

在经济、地理、人文、文化领域，和欧洲一样，美国拥有实在的财富并且有能力重新振作起来，去开辟一条新的繁荣大道。

然而，一边是毫无章法和监管机制的全球化，另一边是金融危机和经济危机。双重的打击让霸权时代的终结比预想中更快到来，提早敲响了时代的丧钟。大自然害怕失去生机，怀着同样的心情我们目睹了一场以亚洲为首的主导力量的震荡，尤其是那些曾经被甩在队尾的国家。

中国在几年间逐级登上了所有强国的的领奖台。接下来她要做的仅仅是爬上那最高的位置，这只是时间的问题，或许是2015年？又或许是2017年？呈指数式增长的力量、世界性的规模、金融储备和全球性的投资都使得中国一跃成为世界头号强国。

十五　地产熊市[24]：中国危机即将到来？

中国的经济增长与投资保持着良好的态势。但以来自美国证券交易所的交易员为主的西方经济学家们展开了激烈的讨论。

为什么不呢……他们对这个世界持有矛盾的观点，但他们中的许多人不懂中国这样一个不按西方经济原理出牌的国家。在分析中国经济形势的时候他们遇到了许多问题：她的模式、她的增长、她的管理、她的投资以及他口中的可持续发展。

与市场上普遍的声音不同，一些作者认为《中国经济增长转瞬即逝》《中国地产不过是一触即发的泡沫》[25]。

房地产商们以金融界中的“牛市”和“熊市”介绍中国楼市状况，在“谁在为中国奇迹埋单”[26]的网站上他们各自发表不同的看法。这些人被视为中国经济神话的缔造者！

一部分人给出的论据是他们认为在中国飞速发展的城市化前奏中，那些建筑物人烟稀少……当然，有些建筑物的确符合这样的描述，就像高楼林立的区域，刚刚竣工的大楼和巴黎拉德芳斯商业区那些投入使用前的商厦那样！

另一部分人认为上海证券交易所的股票在一天之内就能增长超过

24　熊：股票市场中专有名词。

25　援引：www.finance-investissement.com de Stéphane Desjardins2010。

26　援引：www.ft.com/cms et www.bullfax.com。

10个百分点，这向人们发出了中国经济并不稳定的信号。当风暴席卷全世界的股票交易所时，难道世界经济不也是很不稳定吗？流动的国际投机性资本和持续走高的股票让所有的股票市场绑在一起，一个股票市场终会影响到另一个。

事实上，中国没有经济危机

从政治、国家结构、经济和社会的层面考虑，经济领域的一些知名经济学家认为中国出现大危机是不可避免的。

指数式的经济增长、国家快速彻底的企业改组、跃进式的城市化进程、生存环境、令人担忧的通货膨胀、地区间发展不平衡、社会资源分配不公让一部分人充满怨气等等。显然危机无处不在……这就是为什么中国要迫不及待地展开改革！

这就是为什么中国的官员、学者和其他知名的专家普遍认为：在写给政府的报告和文章里强调优先考虑这些社会不稳定因素的必要性，尤其是那些涉及社会不平等、人民向心力的缺失等不稳定因素。这类文章常常出现在中国互联网和出版物的重要版面上，这种充斥着批评之声的媒介被视为中国传媒业的重大转折。

但从种种预警信号和社会危机的证据来看，真正的忧虑和社会不稳定的危险在别的国家也存在，尤其是饱受物价飞涨之苦的国家、发生暴乱的阿拉伯国家和西方。

害怕失掉领导权、手持大量美国国债、相关因素对未来指数的杠杆效应、危险的金融投机行为、回收可疑债权、金融领域的去规则化、变化不定的养老金、不可靠的银行和起伏不定的货币。

我们是拴在一根绳上的蚂蚱

说到这，两个主要问题：为了保证一个自由，监管机制更加完善的市场实现飞跃，我们什么时候才能调节现有金融市场的不良机制，从而避免将经济再次推入火坑？

以中立著称的美国机构与美国专家们[27]着手寻找问题的答案，并时常为此争论不休。

深陷熊市的金融分析师，他们造访中国仅仅是为了对其进行一次全面彻底的观察：难道中国的腾飞真的是建立在坚实的基础和可持续发展之上吗？

除非中国人有十分的把握利用熊市策略来保证自家的股票交易获利。要知道在金融领域，股票市场和证券消息，人们是不择手段的！

如果结合大背景来考虑就能理解这些表象的行为：动荡不安的西方金融市场上演着危险、失衡、忧虑的桥段。种种不安使得西方金融市场对于自己的未来找不到一个让所有人满意的答案：

- 一场持续几年的货币危机？
- 现行金融体系的终结？
- 国际经济形势是重生、维持现有的萧条还是衰退？
- 不稳定因素充斥着整个世界，目前任何经济学家都无法找到一个创新的模式或者根据历史的经验教训为当下的经济危机建模。

27 谢国忠，著名金融投资顾问，前原摩根士丹利的董事总经理及亚太区经济首席分析家，曾经说过："休·亨德利（Hugh Hendry）这样的投资者不了解中国。""个别房地产商以保持中立而著名，比如Shroeder的中国分公司就受益于中国经济的飞速发展而保持良好的态势。他们摆脱了房地产泡沫。"引用及出处：www.finance-investissement.com/plan-te-finance-la -croissance-chinoise-un-mirage/a/32902。

乐观基金的管理者

可是，像高盛集团与摩根士丹利这种美国大型投资银行，和一些以保持中立立场而著名的房地产商们则粉碎了中国泡沫的可能性，并且表现得十分乐观。

高盛报告预测：2030年中国股市将压制美国，攀升至全球第一股市的位置，中国将成为世界最大经济体。

在货币的问题上，多数的国际组织和经济学家承认他们预期，和美元相比新兴国家的货币的作用会越来越大并且人民币将成为主要的国际储备货币。根据欧元的缔造者们的说法，人民币将在2030年成为国际性货币！

十六　公共债务和外债

假如数据根据公债与外债的不同会产生不同的结果，这些数据仍是衡量一个国家经济状况的重要元素。

然而，数据并不是众多评价一个国家信用度和实力的唯一标准，这些数字每年以不同的模样出现，随着政策和国际形势的变化而改变。

公共债务和外债（净额和总额）

公债是一个国家所有的金融担保（国家发型、委托银行发型，地方行政单位发行，社会保障基金等）的总和。政府借款加上政府预算再减去政府税收得出的即为公债。

总体趋势是为了满足财政支出不断加大公债的发行量。

在2009至2010年间，我们看到在众多国家中，有三个国家的公债表现尤其显著：

- 法国：从2009年的77.50%增长至2010年的83.50%，增加6个百分点；
- 美国：从2009年的52.90%增长至2010年的58.90%，增加6个百分点；
- 中国：从2009年的12.50%增长至2010年的17.60%，增加4.7个百分点。

外债的净额和总额

外债，国家向外国商民的借款（国家、企业与个人）。

区分总外债（向外借款）与净外债（国家放债与国家向外借款是两个不同的概念）的概念是非常重要的。

其中，净外债是最重要的。过高的数额会给经济带来麻烦，外债的比率将会加重外债的负担。

评级机构制造的危机中也包括了外债。因此，为了避免投机领域的猜疑，中国成立了本土的评级机构。而且，人们在谈论外债问题的时候常常忘记金融领域其他的因素。

尤其是各国的资源、潜力和它们的储备，比如债券：金融储备（黄金、票证、国外的债券、外汇等），外债相对于国内生产总值的比率、文化遗产、强有力的货币区支撑、经济增长、推行改革、国内缩减开支、个人负债率和国家负债率、人口、经济发展潜力、海外投资、资源等。

如果一个国家拥有大量有回报并且稳健的债权，并且眼下或未来经济形势良好，那么分摊到每个居民头上的总外债在经济问题中也显

得不那么重要了。

最后，另一个应当纳入考虑范围内的能够缓解危机的因素是国家财政预算（包括债权与债务），这个复杂的集合体使得国家能够很好地规划未来的发展道路，有效地进行投资和维持有所需的社会关系。

2010年总外债[28]（不包括债权）

1	美国	13980	12	比利时	1241
2	欧盟	13720	13	瑞士	1190
3	英国	8981	14	澳大利亚	1169
4	德国	4713	15	加拿大	1009
5	法国	4698	16	瑞典	853
6	日本	2246	17	奥地利	755
7	挪威	2232	18	丹麦	559
8	意大利	2223	19	希腊	532
9	西班牙	2166	20	葡萄牙	497
10	爱尔兰	2131	21	俄罗斯	480
11	卢森堡	1892	22	中国	406

不考虑手中掌握着的美国债券（净外债），根据2009年至2010年间的各个国家的经济发展，我们能够看出以下五个国家的走向：

2009年至2010年间人均总外债变化

- **美国**：总外债从2009年的99930亿欧元增长到2010年的101920亿欧元，2009年的人均负债32524欧元↑**世界第一！**
- **法国**：总外债从2009年的37280亿欧元减少到2010年的34890亿欧元，2009年的人均负债58200欧元↓**降！**
- **英国**：总外债从2009年的67480亿欧元增长到2010年的101870

28 以十亿美元为单位.引用源：www.cia.gov。

亿欧元，2009年人均负债110443↑**涨！**

● **德国：**总外债从2009年的38670亿欧元减少到2010年的35000亿欧元，2009年人均负债46989欧元↓**降！**

● **中国：**总外债从2009年的2570亿欧元增长到2010年的3010亿欧元，2009年人均负债192欧元↑**但数额仍然很小！**

尽管一年间中国的外债有轻微的涨幅，身负3010亿欧元的净外债。但惊人的储备使得中国经济形势依然良好。

另外，法国和德国的债务有所减轻。英国尤其是美国打破了自家的外债记录！

然而，这些有趣的数据与当下金融市场相互作用而投机的标准并不吻合！

事实上，未来竞争力强的结构性投资、促进消费的措施、鼓励完善教育与医疗等等；这些都在经济中扮演了推进器和缓冲器的角色。

这样一来，要想很好地控制净外债和总债务的数额。我们必须考虑到每个国家的实力和国情。

但是有一点是肯定的，无论从中国较少的债务还是从它惊人的储备金、发展和增长来看，中国都会以强有力的经济地位从容地引领未来的几年甚至到2030年。

十七　中彩：20870亿欧元甚至更多

中国拥有世界上最大的外汇储备！这种增长是突飞猛进的。截至2010年底，中国的外汇储备为2.087万亿欧元，远超出其他国家，跃居世界第一。在四年的时间里，外汇储备的增长迅猛。如果把香港近2000万亿欧元的外汇储备算在内，那么中国将近2.3万亿欧元的外汇储备占了整个世界外汇储备的30%！

- 2010年12月：2.087万亿欧元
- 2009年12月：1.755万亿欧元
- 2008年1月：1.16389万亿欧元
- 2007年3月：0.878万亿欧元
- 2006年4月：0.64万亿欧元

中国不愿看到欧元消失

中国拥有庞大的外汇储备，要应对储备管理上的的挑战：外汇的多元化，美国货币的收益性以及低利率的美国国库券的收益性……

在中美对峙中，如果美国政府提及“元”，中国政府从本国利益出发，会从汇价的降低和由美国货币发行量导致的贬值的方面来考虑本国外汇储备（主要是美元，但也有其他货币：欧元、日元等等）的金融安全。

据估算，超过一半或者三分之一的中国资产是用美元注册的……换言之，如果奥巴马-胡锦涛两个政府当前对话力求达成一致，出售商品的中国不愿意以贬值的货币被给付。

外货储备，货币现金，和国有资金储备（黄金、外汇储备、国债、外国债券等等）被国家的中央银行所拥有，央行将之用于：

- 制定和执行汇率
- 出资支付贸易差额
- 为经济提供必要的用于国际交易（财产、服务、资金等等）的货币
- 参与本国投资以及制定本国国际战略

布雷顿森林协定（1944年7月22日）确立了新的国际货币体系基础，包括采用了既稳固又可调节的兑换体系，以此达到稳定货币的目标。

如今，逻辑已不同于布雷顿森林协定那样，货币体系不再用同一种方式组成。那种固定的货币兑换体系已于1971年被废除，此时美国前总统尼克松决定停止外国以美元向美国兑换黄金。

从1971年这个新体系的建立的后期和美元统治地位结束后，另一个动荡则是国际资本的崛起。我们参与了资本全球化。全球范围内一个大的资本市场的建立应服务于促进全球经济的增长。这一切都在悄无声息地进行，巨额的资金悄然地，无固定规则地流通着。

现实就没那么吸引人了，因为有了全球自由和无监管的市场体系，我们所了解的不稳定性也随之而来。正因如此，货币储备对国家而言既成了权利和国力的体现，又成了诟病：国家以此为借口为“管理上有困难”和它们当前“就国际金融形式的应对”开脱。

中国，世界的明星

亚洲外汇储备迅猛增长。

从2006年起，中国的外汇储备排世界第一位。外汇储备主要持有国和地区有中国、日本、俄罗斯、沙特阿拉伯、中国台湾、印度、韩国、中国香港、巴西和新加坡。

2009年世界各国（地区）外汇储备占有比率

中国	30%	俄罗斯	5.7%
日本	13.9%	沙特阿拉伯	5.1%
中国台湾	4.4%	印度	3.4%
韩国	3.3%	巴西	3.1%
中国香港	3.2%	以上共计	17.7%
新加坡	2.5%	欧盟和其他国家	25%
亚洲国家总占有率	57.3%	总计	100%

如此，亚洲支配着世界近60%的外汇。我们发现这一年代这个领域被中国直接影响，再加上中国台湾、中国香港和新加坡，据公布，拥有世界上40.1%的外汇储备。

是什么震动了市场？比如，在2010年出版的金融时报的一条消息指出，中国会重新考虑在欧元区投入资金购买外国债券，这一消息立刻遭到了中国中央银行的否认。

中国有大量的美元外汇储备

中国迅猛增长的外汇储备量不再仅仅是超强经济实力的象征，怎样管理和支配这些外汇储备也是一个难题。

中国应该使外汇储备多元化，减少对美国国债的投入。这也是中国也投资于欧元区和其他地区的原因。最常用最主要的外汇是美元(60%)、欧元（30%），接下来是日元、英镑和瑞士法郎。

这种迅猛的外汇增长是由于中国的贸易顺差，直接境外投资的发展，境外投资所获的收益以及海外资本回国。从1994年起，中国的外汇储备已经翻了54倍。

在流通过剩、美元贬值、美国债务增长、美国国债收益低和人民币通货膨胀以及升值的背景下，中国正在努力管理好外汇储备。据中国的资料显示，人们越来越认为，如果中国长期鼓励出口来扩大外汇储备，这种无止境的外汇增长也不总是件好事。

中国的金融业正处在发展阶段，中国的货币促进了金融业的国际化。中国的金融市场还并不完善。为此，中国将完善投资机制，改善和规范金融市场和调整国内资金结构。

主要目标是能进行社会再分配使人民致富，保持中国作为债权国的稳定。

许多预估显示，从现在到2035年，世界外汇储备最少会增长9倍，而仅仅中国对于这一数字的贡献率就将达到70%。

十八　2015年，哪些国家面临困境

一些国家会破产吗？不同于公民、家庭和企业，国家有它的方式控制债务，采取特别的措施抑制支出、增加收入。但是这些国家有陷入大规模经济危机、失去投资者信心的风险。

我们可以看到，今后五年，欧洲将有以下国家会陷入困境：希腊、爱尔兰、葡萄牙、西班牙、比利时和匈牙利。

阿根廷是个例子

我们可以引用阿根廷的例子。阿根廷在1998至2002年间，经济严重衰退，失业率高，通货膨胀愈演愈烈，债务危机爆发，欠下1040亿欧元的债务，随之被宣布“破产”。

1989年，阿根廷的物价暴涨到5000%，几乎一半的人成为贫困人口，这是阿根廷人至今记忆犹新的事情。

财政赤字引发的危机

信贷市场分析（CMA）每个季度会发布有赤字危机的国家名单。信贷市场的分析基于投资者为在国债交换过程中可能遇到的风险所付的保险溢价。

到2015年，可能面临信贷危机的十个国家

1	希腊58.8%	6	乌克兰30.6%
2	委内瑞拉51.4%	7	西班牙26.7%
3	伊朗41.2%	8	阿联酋25.5%
4	葡萄牙35.9%	9	匈牙利23.6%
5	阿根廷35.4%	10	伊拉克23.1%

真正的危机，是全球地域范围内的不稳定。这会引起多米诺骨牌效应，对于很多国家而言这会导致恶性循环。地球上上百万的人口可能会受到影响。

另一方面，对于一个国家而言，宣布经济处于崩溃状态也是耻辱的。贫困线上扬而产生的影响也是巨大的。比如，欧元区国家希望在国际舞台上保持稳定，却被证实无力拯救它们的货币，欧盟政治、经济体制的可行性就会重新遭到质疑。

有一点是肯定的，跟高利息借贷风险和不动产信贷一样，美国的次贷危机动摇了世界的经济和金融。

十九　中国，欧洲的保险箱？

一些信息来源显示，中国政府是欧洲主要国家的债权国，对欧洲债券的持有量事实上已经等同于对美国债券的持有量。

2011年初，中国已投入近160亿欧元支持欧洲头三个陷入巨大困境的国家：希腊、葡萄牙和西班牙。什么时候会投入资金到其他国家？

不久前，中国对这片“古老的大陆”进行财政支持，效果是显而易见的。可以从中国最近购买外国政府债券以及对欧洲其他大规模的

经济和金融市场的投资中看出来。

为应对欧元危机，国际货币基金组织将投入2500亿欧元资金，其中，中国就占了155亿欧元。

欧元区的国家总是被财政市场用“避险基金”瞄准，有些避险基金是建立在轻税国家的。这些国家拥有着巨大的资金财富。在欧元危机的前三个月，源于投机买卖的规避资金获得了22亿欧元的收益。

为了应对欧元危机，早在2010年，欧盟就明智地投入了一笔持续的高达7500亿欧元（欧洲国民生产总值的8%）的救助资金来拯救那些陷入严重经济困难的欧元区国家。如今，被救济的国家是希腊、伊朗、葡萄牙和西班牙。

这些国家背负着巨大的财政赤字，更需要应对这场危机！但是其他一些目标不在投机商的庇护下：比利时和意大利……欧元救助计划在这些国家达到15000万亿欧元。

在欧元区情况彻底变糟之前，中国给予了资金援助，避免欧洲陷入险境。同时也是为了防止全球经济危机的重演。这是中国首次在欧洲大陆上大规模推行马歇尔计划。

中国在希腊推行的救助计划达到50亿欧元，旨在防止希腊信贷危机蔓延到欧洲其他国家。措施相当及时：两国签订了14项合同。作为交换，希腊的船商要定制6艘由中国的造船厂制造的海船。

中国第一大船商——中国远洋运输总公司（COSCO）赢得了比雷埃夫斯一部分港口（希腊第一大港口）35年的特许权。目的是为了开辟中国运输商品到欧洲的桥梁。预计今年通过比雷埃夫斯港的免税集装箱数量将达到80万个集装箱，到2015年，将达到370万个集装箱。

这样的支持被欧盟所欢迎。经济学人情报组的预测部主任斯蒂芬洛奇认为，这种共识会促进稳定经济环境的建立，减少人们对于欧洲有可能发生的二次经济衰退的担心。

中国正在拯救世界

中国政府指出，中国支持欧洲的积极举措，希望欧洲早日战胜经济危机。但是世界经济学会会长余永定认为，说欧洲的情况已稳定下来还为时尚早。

继希腊之后，葡萄牙受到了中国的援助。为了减轻葡萄牙的债务，中国表示愿意购买葡萄牙50亿欧元的国债。

在北美机构对葡萄牙评级下降之后，葡萄牙是第二个金融市场受到冲击的国家。中国已着手于购买葡萄牙公债。《华尔街日报》称，葡萄牙已向中国出售了11亿欧元的国债。

救助希腊和葡萄牙之后，中国兑现对西班牙的承诺，两国签订了近60亿欧元的16项合同。同时，为了救助西班牙，中国还会继续购买西班牙的政府债券和一部分清偿能力低的债务。

亚洲基金也突显出其重要性

继中国购买希腊、葡萄牙和西班牙的国债之后，亚洲其他国家的资金也开始在欧洲显形。

日本认为轮到他们参与到对欧洲的财政支持上来……近几年，中国在欧洲许多国家增加了大量的投资，尤其是与希腊港口有关的项目——塞尔维亚的桥梁，波兰的高速公路，罗马尼亚的能源网和葡萄牙的海上产业。

中国因履行了欧洲一些国家债务的诺言而增强了对欧元区的吸引的同时，这个“中央帝国”在近两年比世界银行更多地贷款给发展中国家，尤其是满足他们对于资源的需要。

据《金融时报》报道，在2009年和2010年，两个中国国有银行——中国发展银行和中国进出口银行确立了820亿欧元的援助资金。

中国炙手可热

中国在购买欧元区债务和在欧洲投资的领域上超过了美国。2010年，中国的境外投资达到了近400亿欧元（增长了15%），此外，中国的救助计划覆盖全球，主要是非洲国家或者斯里兰卡（紧急救援）。

在另一个大范围内，对于美国和欧洲来说都是一样的，这些西方的统治者都希望中国资金入驻。为应对大规模的经济危机，从2008年起一些人就请求得到中国的财政支持，因为他们预料到他们不再有能力独自从全球性的经济和金融危机中走出来。

中国对于欧洲这片古老的大陆的兴趣调整着欧洲的经济，尤其是一些最不发达国家的经济。此外，这也使世界上第一位出资者——中国的投资多样化。

对于欧洲而言，这是迫在眉睫的。

二十　两面派还是误解

中国积极主动的投资援助计划，在欧洲并未实现它真正的价值。相反，确受到西方媒体的肆意恶评。

会有中国恐惧症吗

- 欧洲人希望从中国的投资计划和主权财富基金中受益；
- 欧洲战略希望从超级大国手中争取到财政支持，预计中国是在这方面受到了鼓舞。

对于上面提到的例子，我们需要解决的是已存在于中国和一些西方媒体及其公众舆论间的一些误解。

中国呈现给公众舆论的形象，始终被一些媒体所误导，像“收买欧洲的灵魂”、“中国就援助希腊一事讨价还价”、“罪大恶极，非‘元’莫属”、“中国，危险！”这些攻击性言论深创了中国人民的心灵。

对于我们，深刻考虑一下在欧洲的结构性改革是否必须可能会是更加明智的。

当我们的社会深陷于有关“发展模式”的信任危机时，却发现中国已雄踞于超级大国的地位。混淆这两种情况的风险可能导致各类文明的冲突：媒体、外交、经济和洲际文明。我们应该鼓励一些更值得称道的原则和正直的态度，而不是营造仇华的苦涩氛围。

中国是替罪羊吗

换句话说，崛起中的中国充当了替罪羊或成为西方国家转移视线的牺牲品。这就是所谓的新闻自由的结果，正如一些社论家或西方媒体董事宣称的那样——“公平游戏”。

尽管中国人都很爱国，但他们比我们更加玩世不恭……他们欣赏幽默，这也让他们付出了很大的代价。但和2008年奥运会有关的西方报刊头版或是一些近期的报道，并不亲近中国人。当然，数天或数周后，这些可能已被人遗忘……但是更加小心谨慎的中国人，他们说自己并不能理解。中国公众舆论的反映通过每日批量上交给你们的表格得以呈现，而这些信息是几年来我们在中国的所见所闻：

- 为什么我们对其批评之声一直如此强烈？
- 应该去中国走走，然后做到实话实说！
- 我们不允许有关他们的恶意言论在我们的媒体上泛滥！
- 我们绝不妖魔化其他国家！
- 这些经济问题和骚乱是难免的……
- 他们有条件恶劣的监狱、露宿街头的无家可归者、贫苦无依的可怜人……
- 在那里人权不足，但西方国家也存在同样的问题……
- 难以理解为什么媒体有如此言论？
- 在一些领域我们发展得很晚，但我们已在全力追赶！
- 其他国家也存在各自的难题。
- 没有任何事情是完美的，无论是在中国还是其他国家……

中国人不能接受“中国威胁”论

超出了这些问题的本身，它是一个形式问题和对有关重大问题的一种简单化模式。我们注意到：当法国反对干预伊拉克时，美国媒体的头版也对其进行了同样的诋毁和恶意评论。总体来说，就是必须抵制法国！

就中国援助欧洲这方面——其领导人是赞赏有加的——这就是“中国感知”的一些例子。它不再接受西方舆论心怀不轨的猜忌和对中国双重目的的怀疑[29]：

- 中国在欧洲投资，可能是为了维护他们的财务状况，因为旧大陆（欧洲）是中国出口的最大市场，也是其重要的合作伙伴；
- 中国靠近欧盟，可能是因为其希望确保欧洲对人民币的善意，从而继续低估其货币，以保证大量出口；
- 帮助欧洲国家，对于中国是一个很难得机会，通过购买以欧元而非美元计价的资产，来实现中国投资的多样化。

实质内容和辩论本身是令中国人很感兴趣的，但形式和指责却相当让人头疼。如果希望他们对待批评就像对待赞誉一样开放大度——形式是最折磨人的，也是最需要改革的地方！因为这种形式下他们有种不被尊重的感觉。

换言之，随着合作伙伴数量的不断增加，中国的加入，一方面是极为受欢迎的，因为她能协助其他国家共谋经济的增长，但另一方面她又总被西方舆论冠以“中国威胁”的恶名。为什么某些人要混淆视听呢？是确实无知吗？这是一场很有意味的、开放式的辩论……

但中国公众舆论是极为震惊的，正如他们的媒体定义这种战略为欧洲的“双重游戏”：在他们的领导人看来，欧洲人似乎期望中国出面帮助欧元区走出金融危机，但同时又忧虑其在欧洲的参与度不断提高，从而影响到欧洲其他国家。这仅是许多可供焦虑的原因之一，而事实上这种误解的内在原因是更为复杂的。

为什么双方会有困惑与矛盾

整个中国都在推崇稳定而富有竞争力、和谐且双赢的外交关

29 www.china.com.cn.

系。对于他们，重要关系的建立主要基于真诚、时间，而绝非一时冲动……例如，中国人不喜欢干涉其他国家的相关事务，同样也不喜欢他们的合作伙伴改变立场、观点，即使他们面对重大课题或自己国家事务存在分歧时。

中国人和高卢人是极为相像的。难道他们就不会效仿法国历史进行革命吗？在日常生活中，他们喜欢大餐、节日、快乐和和谐。他们也是随机应变、运筹帷幄的，喜欢享受生活，而且能够很好地适应多种环境。但在某些情况或冲突下，若他们认为自己是正确的，也会特别容易生气、发怒。这就说明了他们具备超级快速的反映能力，尤其当事情发展不尽如人意时！

中国期盼在较长的时间内拥有稳定而又真诚的合作伙伴，以便建立积极的关系。

在中国，我们亲眼目睹了许多有关发展的争论，同时媒体也变得越来越苛刻，对于许多国内、国际问题，指责声不绝于耳。但中国人这样做是由他们的文化、爱国之情决定的。他们绝不能忍受任何其他国家对其国内事务的干预，对于言行一致之举，他们是更为欣赏和推崇的。

尽管伟大的战略家、设计者和投机的政客能够使形势发生积极变化，但中国人出于他的传统文化考虑，不喜欢"丢面子"，也不喜欢由"双重形象"作为其国家的代言：当事情按其心意发展时，那他就是天使，而当事情委其心意时，则化身为可怕的魔鬼……同样，他们也不喜欢多变的性情，那样不利于和谐。

最后，因为中国人的集体精神，他们没法理解同一国家的机构和媒体竟然表达出截然不同的观点，这令他们很困惑、很矛盾。在他们看来，国家主席、城市市长和企业管理者应该共同捍卫同样的立场和价值观。他们观点的根本区别说明了从社会最高层向社会最低端人群靠近。

欧洲国家已经习惯了辩论，而这有时会阻止他们快速采取行动，走向共同战略。我们对“文化影响”的评估是远不够的，这些所谓的“文化影响”是我们在中国期间，就中西形象对比所了解到的……所设想的！

鼓吹中国威胁论

当这种言论弥漫时，整个中国公众舆论一片哗然，因为这是其文化、价值观和自身情感所不能接受的。和整个社会各个阶层展开交流或通过网络、微博与中国的年轻人多接触就已经足够了解。

此外，这涉及到中国社会各个阶层对世界还有对中国发展的批评意见，其中包括官员、企业管理者、雇员、工人、学生、出租司机……

中国人更好地了解了世界和本身所存在的主要问题和所面临的重大挑战，而这些远远超出了我们能够想象的。他们很好地了解了文化、历史、哲学、西方的价值观和外国新闻评论！……那就是他们对于中国的一些批评性言论会极为恼怒的原因。

然而中国领导人和他们的外交人士通过发言来平息公众舆论，提倡开展一个更加务实的对话，以便更好地推动与世界其他地区的和谐。

中国人常说：“不管怎样，我们国家还有好多方面需要改善、提高的，而不是帮助其他国家的同时还要遭受指责……”当然，这仅仅是一个例子，它并不能阻止中国更加开放，更多投资，更好地推行开放战略。

中国的反映不动声色地表明了中国人民首先对他们的国家感到

无比的自豪，若她能在世界各地保持投资，如美国、非洲、欧洲、法国、德国[30]等。此外，她渴望被倾听、被重视，渴望已取得的进步和她的现状能被理解被肯定……也期待成为被礼遇的对象！

经过几十年的努力，中国已赢得了他们为自己设定的第一批挑战。他们认同一个独立自由的国家，同时也期望被尊重。

中国迄今还未能实现所有的目标，但如果他们已经适应了不同的经济和文化制度，就不会再接受其他国家的教训和羞辱了。

中国人已经深刻剖析了他们的历史过程，包括与世界发生的所有联系——过去的（或许很痛苦）、现在的和未来的。西方公众舆论必须考虑这种新的形势以及正在中国生成的新的心理状态。

中国人经常说他们还需要进一步现代化，还需要更有利的改革，说他们的发展目标尚未完全实现。所有这些都亟需大刀阔斧的改革……

他们知道自己需要追赶和弥补的还有很多，还需要用几十年的时间来搞建设，而这些是许多西方国家用几个世纪才完成的。但如果我们期盼与中国建立合作伙伴关系，并保持紧密合作，则需要我们重视中国民族文化的特有元素，就像对待其他国家的文化一样。

在中国，如果批评是用一种温婉、迂回的方式提出，则可以被很好地接受……中国人会告诉你，什么都可以平等的谈论，尤其某些方面你有道理，那更不容质疑，对于一个从零开始的、如此广阔的国家，需要给他们足够的时间，以便更好改革发展。

30　中国是德国的第四大投资者。北莱茵-威斯特法伦州(Nordrhein-Westfalen)（被中国人简称为“北威州”）是中国在欧洲投资最大的区域，包括660家企业。

二十一　世界证券市场和资本化

中国效应得以充分发挥！在2010年全球金融危机下，中国股市（上海和深圳）凭借其2.208万亿欧元的市值排名世界第三，居于纽约和东京之后。自2006年起上海证券交易所（SSE: Shanghai Stock Exchange）发展势头迅猛，到2008年6月，已超越伦敦荣登世界第七的宝座！

第一大证券市场

中国股市中的佼佼者有：中石油，中石化，中国银行，中国工商银行，中国招商银行，交通银行，中国神华，中国人寿，中国平安保险，中国太平洋保险等等。

中国作为世界金融界的重量级新星，单看其银行和企业的市值就已经足够。到2030年，中国的工业、贸易、电信、保险等许多企业将攀升至世界首位。

2010年世界排名前五的银行[31]：（单位：10亿欧元）

1	国家	银行	市值	>%
2	中国	中国工商银行	17506	27.26%
3	中国–英国	汇丰银行	13283	94.86%
4	中国	汇丰银行（中国）	13123	45.90%
5	美国	摩根大通银行	11142	64.20%
6	中国	中国银行	10592	29.37%

31　来源：Bloomberg，www.fb–bourse.com et banques au 10 f é vrier 2010。

如果中国银行占据了世界前五的排名，那么中国其他企业的国际野心也在渐渐表露：中国国家基金投资集团已在美国黑石基金投资集团享有10%的股份（220亿欧元）；中国开发银行成为巴克莱银行不可或缺的合作伙伴！

当然，中国工业企业也一直积极参与其中并无例外：例如石油巨头中石油凭其2420亿欧元的市值已经跃居世界第一，赶超美国埃克森美孚公司！

如果世界100强总是由美国主导，那么就市场资本化方面，中国的定位就越来越明确，发展也越来越好：例如电话运营商中国移动已跃居世界第十位；像中国的钢铁财团——宝钢这类企业也热衷于投资。战略咨询公司波士顿咨询集团预测，未来世界的领导者定会是超级大国——中国。

在过去的三十年，中国经济增长速度始终保持在每年9.5%。如果中国继续维持每年8%的经济增长速度，那么她的人均年收入到2031年则可达3万欧元，到2040年则可赶超美国。

鉴于其庞大的人口数量，并考虑到其他大国的实际国内生产总值，中国达到今天的高度实属不易。经过三年时间的高速增长，到2009年中国的年平均国内生产总值已超过印度和巴西，跃居第一位。

国内生产总值实际增长：三年的年平均增长率

中国	11.19%
印度	8.83%
巴西	4.93%
瑞士	3%
欧盟（27国）	2.29%
美国	1.73%
日本	1.22%

在未来可预计的范围内，如上的经济增长趋势仍将继续，而且会延续相当长的时间。例如，中国保持8%～9%的经济增长速度，而美国则维持在1.5%—2%左右。当然也需考虑到人民币较原来每年升值4%，同时其通胀率为4%，而美国通胀率为2%。

未来中国

- **到2020年中国将攀升至世界前列**
- **到2015年或2017年中国将赶超美国!**

普华永道（PwC）的报告显示：中国作为经济最强国之一有望在2018年赶超美国，这主要得益于此次金融危机——它加速了权力中心向新兴国家的转移。

这家机构在它的报告中通过计算得出以下结论：从现在起到2020年，七个全球最大的发展中国家经济体所累积的国民生产总值将超过G7[32]**。**

PwC工作室指出，这七个国家分别是：中国、印度、巴西、俄罗斯、墨西哥、印度尼西亚及土耳其。这些国家已从影响发达国家的经济萧条中脱离出来。世界经济秩序的改变已无可避免，世界金融的重心将转向亚洲，特别是中国!

32 G7，即七国首脑或财政部长会议，由七个工业国组成。加拿大于1976年加入原有的六国集团：法国、德国、意大利、日本、英国和美国，于是组成了七国集团。

二十二　人民币：未来的国际货币

从货币战争的角度看，人民币每日都会成为各大财金报的头版头条。

由于人民币价值被低估[33]，现在它成了所有关注与冲突的目标。面对中国长期的崛起，在未来几年内，人民币将保持升值趋势。

同样，新兴国家的货币也将升值。投资者有意购买这些货币并进行长期储备。货币战争已经悄然拉开序幕。

人民币将成为国际基准货币之一，甚至是全球货币系统的参照。人民币汇率的稳定促进了世界经济的复苏。中国人民银行（即央行）或将继续实行相对宽松的货币政策，甚至更为灵活的政策。

在过去的几年中，人民币汇率的稳定对世界经济的复苏做出了贡献。人民币汇率机制的改革始于2005年。到目前为止，人民币相比美元已升值21%，实际汇率增长16%。尽管人民币升值问题成了国际货币舞台上所有争论的焦点，中国还是希望保持一个较低汇率水平的货币以刺激经济增长。

美国与欧洲国家不断要求中国政府升值人民币，谴责中国应对其贸易赤字负责。鉴于人民币在过去的几个月内升值了3.5%，中国政府反驳说人民币的升值在长期内是可预见的，同时质疑美元的优势地位并呼吁加速变革已腐化的国际金融系统。

中国领导人表示，欧元区的财政危机在长期内不会改变欧洲统一货币在世界货币系统中的战略地位。

另一方面，中国建议创造一种可以替代美元的新的国际储备货币，一种有利于新经济类型创立的统一的世界货币，这将是摆脱美国

33 从2008年7月到2009年2月，全球经济处于经历困难时期，而中国的货币并没有贬值，相反其汇率增长了14.5%。在2009年，中国出口额下跌16%，进口额下跌11%。中国贸易顺差减少了750亿欧元。

政府干涉货币政策的最后选择。而人们是否应该期盼一场货币战争的来临呢?

中国预备将人民币的外推作为一项长期战略。一种货币的迅猛跌值或将导致世界贸易的快速动荡，并且促成其他货币的升值。

中国下一个改革计划将增加人民币的适应性，以使得中国经济更少地受出口影响，更多地以国内消费为中心，而人民币却计划成为国际基准储备货币。

在回应针对人民币问题的指责时，中国呼吁加强金融监管，同时强调其他国家首先应当确保其货币的稳定性。虽然美元一直被看做世界第一支配货币，那么从中期来看，我们应该可以预见美元作为国际储备货币的特殊地位的丧失，这一角色（国际储备货币）将有几种支配货币共同充当：美元、欧元、人民币以及日元。

另外一些专家指出由人民币和日元充当亚洲单一货币的可能性。但从中日背后隐藏的紧张关系和中日两国在货币领域各自拥有的自豪感来看，这一想法是不可行的。

“货币游戏”仍在进行，一种未来的国际基准货币正在产生。但这需要时间！它的组成货币会有哪些呢？唯一可以确定的是，人民币一定会占有一席之地，同时它的国际地位将更加巩固。到2020年，它将成为国际基准货币之一。

二十三　中国，跨了五个大洲

当人们谈论中国和中国人口时，人们通常指的是中国国土上应被算入的人口数。到2033年，中国人口将达到15亿，这可不是一个小数！

但是，如果从世界范围内的中国影响区域来看，中国的实际人口远不止这些。加上受中国影响的国家和遍布世界各地的华人，我们可以看到一个超越国界的世界“大中华”。事实上，中国人分散在五大洲，遍布130个国家和地区。

本世纪初以前，中国人离开祖国母亲的怀抱，奔向世界各地，开始向海外移居。现在，超过一千万的华人组成了各种网络，这是一股无形且不可比拟的力量。定居在世界各个角落，这些华人构成了世界上最大、最有力量的民族聚集团体[34]。海外华人首先集中于东南亚地区，但在最近的几个世纪里，他们渐渐在全球范围内分散开来。

这些海外华人构建了一个“和平王国”。在中国现代化进程的初始阶段，他们从海外往家乡投资，扮演了起决定性作用的角色。

在每个国家，华人在各行业都掌控了一些规模大小不尽相同的企业：食品、餐饮、服务、房地产、旅游、银行、金融、零售、股票、媒体、网络、电信、交通、房建与公共工程及信息工程。但有更多的企业结成了极具力量的商业团体。

海岸线外，中国依然很大

过去，中国人移居海外的代价惨重：背井离乡，流放异地，远离祖国和家庭。这些苦工在一些外岛，遥远的国度或西方国家充当廉价劳动力。

从2000年开始，他们大都以做生意为由，多从中国东南沿海地区，特别是唯一开放的大型港口城市上海出发。他们曾是排外、种族

34 请见《L’Empire chinois》：Mieux comprendre le future numéro 1 mondial. 以及同一作者，2004年Favre出版社出版的《Histoire et actualit é de la diaspora chinoise》。

歧视，甚至大屠杀的受害者。这或许部分解释了他们能在海外发家的传奇和他们的经济发展与无论在北美还是其他地区的一些重要华人团体相分离的原因。

之后，在最近的十几年里，移居海外的中国人从沿海地区和中国各地出发。带着空前的文化、经济、金融力量，这个巨大的团体组成了一个全新的多极平衡体。

华人团体在全球范围内的扩散有以下特点：集中在东南亚地区，分散在世界各地，富有社会与经济多样性。

华人身上的特点十分出名，以致我们可以把它们当做华人的标志：低调，勤劳，商业嗅觉敏锐，商业上的成功，遵纪守法以及对接收国的适应力。华人世界编织了一张巨大的国际人文网，在全球构成了一幅中国拼贴图。

现今，这些定居海外的中国人从事着各种不同的社会行业，其中有：劳动者，学生，干部，工程师，技术员，科学家，研究员，艺术家，农民，商贩，商人，金融家，商务人员，记者和公务员。这不包括数千万前往世界其他国家欣赏风景的中国游客。

华人、华侨引领跨国贸易

华人中间，部分人在国内或国际商业活动中扮演着十分重要的负责人的角色。

在很多人还不了解状况的时候，海外华人就已掌握适应各种形势的对策和应对人事的超高本领。这主要受益于他们在贸易现代化过程中取得的优势和经验。他们在中国人和华人之间建立起一个强大的文化、经济、金融的沟通平台。

下图（即：全球华人分布图）让我们看到了华人在世界各地的分

布和数量，可这还不包括那些人口数在三万以下的聚集区！

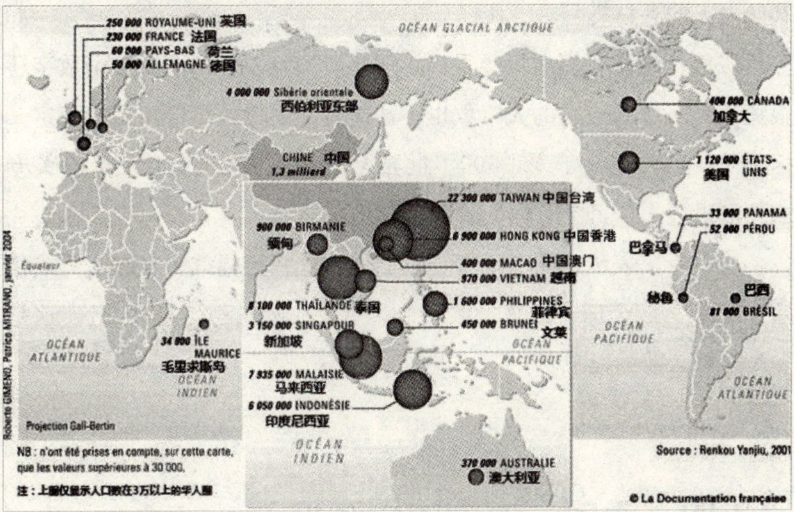

他们不一定都是中国籍的，但他们是“华人”的一部分。考虑到华人国籍的多样性，上图所列名单并不完整，也无法准确估量人口数。

如果我们再在列举中加入中国收复的领土，即曾经的殖民地（富有的澳门和强盛的香港），再加上台湾地区和其他影响地区，中国文化圈在全球的影响无论是在数量、经济、文化还是金融上都是异常强大的。中国与它众多的文化影响圈发展经济与金融上的关系。

中国和中国世界是一张大网

这主要是经济、亲属或者利益的关联。因此，一条连接中国与新加坡的高速铁路正在建设中。

不考虑国籍，有着近14亿人口[35]的"中国文化圈"构成了世界上20%以上的人口[36]。

诚然，现在我们离世界人口达92亿（预计在2075年）这个数字还很遥远，对中国未来的人口数也不甚清楚。人口数量应该保持稳定，但在一次联合国关于未来300年世界人口发展变化的会议上，有关专家预测世界人口将会有惊人的变化[37]。

这些专家表示，到2300年，世界人口或将巨幅减少至23亿，或稳定在92亿，或全球将迎来一次人口大爆发，数量激增至364亿。这是一个多么大胆的设想呀！

二十四　中国，西方国家和世界

中国与世界为邻。近年来，中国频繁活跃在国际舞台上。中国总理与其他重要领导人一样，跑遍世界，在国内举办各类高级峰会，又参与所有国际会谈：大量签署双边协议，制订多方政策，参与高级别峰会（联合国、G8、G20、国际合作、联合国维和部队，与多方协商伊朗问题、朝鲜问题，外交活动十分活跃）。

中国的崛起和国际地位的提升给中国带去了地缘政治、文化、经济和金融方面的全新影响。

此外，近年来的各类危机事件（能源、资源、环境、货币、经济、金融等危机以及欧元区的衰败，国际安全、伊朗问题、中东问题等等）使中国在国际舞台上占据了一个优势地位。过去，中国的影响力主要集中体现在亚洲或局限于中国周边的双边问题。

35　2010年达13.4亿，2033年预计达15亿。

36　世界人口2011年达70亿。

37　资料来源：www.populationdata.net，联合国地理学家和修正主义学家。

作为联合国常任理事国，拥有核武器，享受否决权，中国成功举办了各国协商会议，建立了危机处理机制并提出了加快解决各类国际纠纷的建议。

中国外交政策转变于20世纪70年代

而现在，中国在各类或远或近的国际纠纷中扮演了不容忽视的重要角色。

然而，中国外交政策在对外问题上的主要原则并未改变：维护区域稳定，促进经济增长，构建友好稳定的国际环境，不干涉他国内政，保持发展中国家地位，发扬和平精神。

但中国对世界产生的影响，比如在非洲大陆上的影响力，国际贸易的扩大，新兴国家的诞生，美国的相对衰弱以及在未来一跃成为世界第一强国的可能性，给中国带去了除影响力问题与防备国内危机以外的新的责任。

首先[38]，中国已从外交孤立的困境中走出来。这主要通过积极加入多方组织与危机处理机制，参与维护和平，解决冲突问题，同时反对核扩散，派遣救援部队和维和部队等方法。

其次，自推翻柏林墙[39]以后，人们在国际舞台上看到了美国势力的无处不在。由此看来，中国的目的在于抵制美霸权主义，提升自己在世界问题和打击美国势力上的影响力。

为此，中国应当获取西方国家对中国力量的认可，建立新的联盟，巩固合作伙伴关系，增加新的影响力地区，比如：东南亚国家，

38 比如，中国最早的几项决策：1991年，支持柬埔寨和平；1992年签署反对核扩散协议。

39 1989年11月9日。

欧盟，非洲联盟，南方共同市场[40]，以此推动中国外交，扩大中国影响，但同时也不忘结交那些更为独立的国家、地区或跨国联盟。

北京：多极化优势

中国朝着世界领先地位的方向发展，坚决防范反中国联盟。

今天，中国继续推行支援邻国的外交政策，在领导权、国际竞争与合作上，确立自己在亚洲和世界的权威。东南亚地区充分利用了中国的崛起，而中国在政治、经济及金融上的发展确实对中国周边和世界产生了影响。

美国与中国协调发展

多年来，中国积极参与各类政治、经济、金融事务，以促进地区和平和区域自由贸易的发展，如关注东南亚国家联盟[41]（ASEAN）。

东盟各国代表了全球5亿多人口和超过11000亿欧元的国民生产总值，这也增强了中国的实力。

中国积极关注地区和国际问题。除了东盟，中国也关注或参加了绝大多数在亚洲和世界范围内具有影响力的组织，以促进同欧洲联盟、非洲国家（中非论坛）、拉丁美洲以及俄罗斯等地区和国家间的友好关系，还参加了许多类似于达沃斯论坛之类的研讨会。

中国从国际货币基金组织（FMI）及世界银行的最新配额中获

40　南美地区最大的经济一体化组织。

41　东南亚国家联盟（ASEAN）简称东盟，其由创始国印度尼西亚、马来西亚、菲律宾、新加坡和泰国以及新成员文莱（1984年加入）、越南（1995年加入）、缅甸、老挝（1997年加入）和柬埔寨（1999年加入）构成。

益，其代表在世界卫生组织等国际组织中也占据了越来越重要的位置。

下列名单并非详尽，但我们已经可以看出中国或作为成员或作为观察员参加了30多个国际组织：

- **联合国（ONU）**，中国作为其常任理事国，拥有否决权；
- **国际货币基金组织（FMI）**；
- **世界贸易组织（OMC）**；
- **国际标准化组织（ISO）**；
- **国际劳工组织（OIT）**；
- **联合国教育、科学及文化组织（Unesco，简称联合国教科文组织）**；
- **南亚区域合作联盟（ASAARC，简称南盟[42]）**；
- **亚太经济合作组织[43]（APEC）**；
- **南太平洋论坛（Forum du Pacifique Sud）**，由太平洋上16个国家和领地构成；
- **上海合作组织（OCS）**：包括中国、哈萨克斯坦、吉尔吉斯斯坦、乌兹别克斯坦、俄罗斯、塔吉克斯坦等6个成员国以及印度、伊朗、蒙古国和巴基斯坦等4个观察员国；
- **亚洲发展银行（Banque asiatique de développement）**；
- **经济合作与发展组织（OCDE）**，合作伙伴关系；
- **国际原子能机构（AIEA）**。

42 南盟包括孟加拉国、不丹、印度、马尔代夫、尼泊尔、巴基斯坦以及斯里兰卡。

43 亚太经济合作组织由亚洲、美洲及环太平洋地区的21个国家及地区构成：澳大利亚、文莱、加拿大、智利、中国、韩国、美国、印度尼西亚、日本、中国香港、马来西亚、新西兰、菲律宾、新加坡、中国台湾、泰国、墨西哥、巴布亚新几内亚、秘鲁、俄罗斯以及越南等国。

中国举足轻重

中国未来将会怎样？其他国家该惧怕中国还是把它当做世界伙伴和发展助推器？美国如何看待这个问题？……可以确定的是，从今以后中国不会再听凭他国对其政治、改革、发展等问题和在拉丁美洲、非洲乃至世界范围内的新合作伙伴问题上指手画脚。

中国在一些国际性会议的对话和发言上已具有中国优势，比如在中美（G2）峰会上的发言，或在二十国集团[44]（G20）中为在经济金融领域改善国际合作所作出的努力。

从现在起到2030年，我们能否加入大国间的竞争，抑或引起“巨大轰动”，加入到强强对话？

我们将在未来的任何时期以周期性的方式融入其中。目前我们正在翻开世界历史崭新的一页，而这个世界范围内的巨变定将引起局势紧张和调整。

新的世界将会是一个“西方—亚洲”两极化和“金砖四国”等新兴国家势力上升的多极化并存的世界。

可以确定的是，世界对中国的看法已经改变。中国坚持多极化观点，不自诩为“世界霸主”，而只是作为多极世界中的一极。

事实上，中国并不希望统治世界！其并不希望成为“世界警察”或“世界家长”，而是有着与之前世界大国不同的发展目标和计划。

中国坚持“多极化”，因此它将会在不破坏美国形象的情况下反对美国。

对于中国来说，美国是一个重要的合作伙伴，因为美国也致力于世界范围内的势力平衡，并试图帮助中国！

44 二十国集团由欧盟和其他19个大国组成，按照惯例一些国际组织的高层人员列席该集团会议。

为了反对争端，维护稳定，中国将采取措施促进亚洲、非洲、拉丁美洲、欧洲及其他一些国家的快速发展，帮助它们在国际舞台上发挥积极作用。

这些都不出乎意料。因为从其基本特征和实事求是的观点出发，中国与世界其他国家有着共同的利益。为了保证自身实力、未来外交关系、和平稳定、发展和其提出的新的世界秩序的实现，中国制定了一系列政策和战略。简而言之，就像在外交方面一样，中国坚持实际主义，"有得有失"。

中国自认为处于文明的中心，但并非世界的中心。它对美国霸权主义的反对使其倾向于用一种不同的模式发展：既要保证自己的繁盛和强大，又不愿复制那些不符合其价值观的、被其坚决反对的发展规划。

从其发展概念上可以看出，中国希望成为一个负责任的大国。

那些曾经受到西方国家影响的国家悄然变换了阵营。美国和欧洲都不能越过中国独自处理国际纷争。中国在处理国际纷争（如中东问题、巴以问题、两伊问题、阿富汗问题和朝鲜问题等）时扮演着越来越积极的角色。

中国在美国与朝鲜间扮演的中间人角色和伊朗问题中的谈判者角色都起到决定性作用。它在通常情况下都会有与西方国家不同的主张、分析和立场。但随着时间推移，中国将会作为世界一流的参与者解决国际争端问题。

在联合国或其他一些国际组织的框架内，中国采取援助政策，并与世界所有国家发展了越来越活跃的合作和交流。

- **中国维和部队**：执行了许多维护地区和平、安全、稳定的任务；
- **救援队**：在许多全球性自然灾害中参与救援工作；
- **任务和使命**：涉及社会、文化、粮食、经济等多方面问题；

● **参与和分担**：国际和中国的非政府组织(NGO)参与和帮助一些受地震或自然灾害侵袭的国家进行重建。

在中欧关系方面，中国很早就对欧洲及欧洲联盟（简称欧盟）产生浓厚的兴趣。愈加壮大的欧盟对于中国来说是最重要的贸易合作伙伴和必须要面对的政治经济体。

一个统一的欧洲是世界和平稳定的重要筹码。中国需要组织结构严密的欧洲，而这片古老的大陆要继续发展也离不开中国。欧盟使中国可以只与一个“大参与者”对话，而不是费力地与不同欧洲国家在不同的规章和不同的战略政策下交流。

欧盟对中国的重要性

欧洲联盟的存在、重要的经济地位、5亿人口（世界第三）和统一的货币对中国来说是一个巨大的优势。

欧盟是重要的战略性政治经济“一极”，同时也是平衡由美国掌控的世界秩序的重要集团。如果说美国模式以其无可挑剔的优势和活力吸引着无数中国人向往，那么，欧洲则为他们提供了另外一种和中国更加相似的、多样的、历史底蕴深厚的、多文化的模式。

尽管中欧领导人间存在一定的分歧，但中国和欧盟间的关系还是具有建设性的。

这一点同样适用于法国。1964年承认中华人民共和国中央人民政府这一举动也绝不是其全球计划中简单的一笔。但中国人记得，在两国亲密关系发展的同时，一些合作关系却进展不顺利，就像2008年媒体报道的那样。尽管如此，这个具有反抗精神、理想主义、不切实际的民族仍然让中国人喜欢。

中国与法国的战略合作伙伴关系，就像跟“欧洲发动机”德国一样，促进了中欧间文化和经济的良好关系。

出于对国土安全问题的敏感和对国际恐怖主义的打击，中国实行了一系列监视、警戒、抵抗和与它国合作的战略。另一方面，中国也注意到国内外一些与极端守旧势力有关的问题。

中国采取措施进一步弘扬少数民族特有的文化，如艺术、传统习俗、传统节日、健康医疗、语言和地区发展等，都是为了解决和谐发展等问题。

单就令西方不安的、已成为世界性地缘政治问题的国际影响来说，中国已经显示出了它的威望。如今中国外交日益活跃。在与美国立场的对比日益公开化和直接化的同时，中国仍坚持与合作伙伴的对话交流政策，无论该国是富裕还是贫穷。

世界力量已经使美国和欧洲将目光投向亚洲和中国。美国和欧洲缓慢衰退的世界性影响带来了强烈的冲击。

中国要成为世界强国和影响世界事务的目标是显而易见的。因此，中国需要一个使其具有优势地位的新的国际秩序。

二十五　展望：20年后的中国

不知道十年前熟悉这个国家的人们是否还认得出今天的中国。

中华民族的飞速发展、新的社会生活方式、大胆的城市化进程、现代化的基础设施建设、惊人的经济增长、令人瞩目的外交影响、金融资源以及其国际化的开放程度使得中国发生了翻天覆地的变化，并有望在2015年到2020年间，推动其成为世界强国。

中国在各行业各领域的发展、增长和改革将会使其在2030年成为一个超级强国。

中华民族将会变成一个技术大国，但同时，它也必须要面对成为世界强国所必须要经历的众多挑战。

从现在到2030年，中国要将能源转换落实，以节约资源，这样它将会变成世界技术、能源再生强国。

中国有可能取代美国，建立新秩序：即中国、美国、印度、日本、巴西、俄罗斯、德国、墨西哥、法国以及英国。也就是说，到2030年，欧盟将会作为一个地区实体成为世界第四大“强国”。

削减贫困和保证全民教育的目标将会实现，中国城乡发展和地区发展也将重新实现平衡。

中国人民的生活水平也将进一步提高。关于劳动、休假、国家退休制度和社会保障制度等问题的社会改革也将完成。

印度和中国将会有30亿人口。非洲将会成为推动世界发展的继任者。中国将会成为一个拥有15亿人口的超级现代化、超级城市化国家。大多数人口将成为城市人，而其国家化大都市将进一步发展。全生态化城市将出现。

中国将会进一步保护环境，发展高新技术，弘扬传统、近现代文化以及作为中国乃至世界财富的少数民族文化。工业、环境、农业、社会、旅游及交通设施将遍布整个中国。

世界银行首席经济学家林毅夫（Justin Yifu）预测，在2030年，中国的国民生产总值将会是美国的2.5倍。中国人均（按当时中国人口达到美国人口的5倍计算）国民生产总值也将达到美国的50%。

十年后，中国经济超过美国

据渣打银行（Standard Chartered）资料显示，在2030年，处在“持续增长的超级循环周期”中的中国经济将会是美国的两倍。

“超级循环周期”和全球经济的历史性高速增长时期将会持续一

代或几代。另外，由于贸易的增加和投资水平的提高、城市化和技术革新以及新经济时代的到来，世界经济也将被带上新高。

中国国内生产总值将占世界的25%

国民生产总值和外汇储备等经济指标以每年8%或以上的速度增涨，对内对外投资、国内消费规律性增加，都使得中国逐步成为世界强国。

几百万中国游客在本国、亚洲及全世界旅行。

中国将会成为世界的领导者，在任何国际决策中都拥有绝对的影响力。而且，她在解决各类冲突问题或是探讨与全球局势和发展相关的主题方面也将拥有主导权。

据高盛集团（Goldman Sachs）预测，到2050年，各国在国际上的地位仍在不断变动。中国将会稳坐第一把交椅而欧盟紧随其后！

同样是在本世纪中期，中国很有可能会排在美国、印度、日本、巴西和俄罗斯之前。英国、德国和法国（第九位）应该会紧随俄罗斯之后，并会在这份名单上保持一个较好的名次。

确实，这样的走势预测有些大胆，而且不同的经济预测家意见也都不统一。

中国的势力触角遍及：大陆、澳门、香港、台湾，世界各地的华人聚集地比如新加坡等，再加上中国和世界上很多国家建立了优先权伙伴关系，中国将会成为一流的文化、经济和金融中心。

中国的影响力和关系网比我们想象中的要庞大的多。中国在很多领域的实力将会日益凸显：如软实力、清洁能源、生物技术、毫微米工艺、信息科学、公共卫生、机器人设计和制造技术、国际金融、国际传媒以及高附加值商品和服务出口等领域。

第三产业和服务业将占其业务总量的一半以上。中国的证券交易所将会占据世界首位，人民币也将成为重要的国际货币。

跨国公司和财团占据世界首位

中国在航空以及海上的过境和交易方面将会走在世界前沿。中国在海外的直接和间接投资将会越来越多，工业和农业也将逐步外迁。

中国现任领导人正在逐步推进改革，力图建设一个新体制以更好地倾听民众的心声。这些改进可以使舆论更开放也更多元化。

二十六　2030年，怎样的世界

从现在起到2030年，我们会看到美国逐渐走下坡路吗？美国迟早要从世界第一强国这把交椅上退下来，但那一天很有可能会来得比我们料想的要早得多，甚至可能就在十年内发生。

帝国瓦解速度比预期快

美国2003年入侵伊拉克，之后又遭遇了蔓延全世界的金融危机，这一切都加快了美国衰落的速度，美国时代的终结也会提前到来。随着全球化进程的加快，这些因素都成了中国崛起的推手。

至于西方列强尤其是美国这边，似乎所有的电影脚本都指向同一个结局：从现在起到2030年，不管美国作何抵抗或是仍心存侥幸，都将会不可避免地走向衰落，而且速度会比华盛顿料想中的快得多。

如今美国技术、军事、金融、货币和教育领域的形势都不容乐观，美元作为世界储备货币的优势地位可能不保，美国经济遭遇重创，这些都是美国必将走向衰落的标志。

这段时期肯定不会风平浪静，因为地位下降和经济衰退会逼得美国打着维护现有秩序的旗号采取军事行动，孤注一掷。

2030年，迎接深刻变革

不少经济预测家秉持着“预测危机以趋利避害”的理念，在这些大问题上意见一致。

科学、公共卫生和通讯领域将会发生真正意义上的革命，到那时，人文和科学将会紧密相连。如按现有趋势发展，未来局势将会是这样：

- 中国：在2020年之前就会成为世界第一强国。
- 亚洲：越来越强大！亚洲的经济实力将会发生翻天覆地的变化：今天被称作“新兴国家”的中国和印度都将成为顶尖强国。
- 美国：衰退不可避免或是加速没落。
- 欧盟：比预期中更坚挺并转而投向亚洲和新兴国家的怀抱。
- 法国、德国、意大利、英国、西班牙等国：欧洲国家总体来说都很坚挺。
- 新兴国家（印度、巴西、墨西哥）：崛起。
- 日本：尽管经历了2011年的危机，日本仍然保持世界一流强国的地位，并且和其他亚洲国家一道增强亚洲的影响力。
- 俄罗斯：俄罗斯的地位将会非同一般，比现在更加强大。

- 非洲：逐渐觉醒，非洲大陆经济不断增长，发展迅速。

- 人口大爆炸：我们将会看到世界人口大爆炸，欧洲和日本情况稍好。而且人口老龄化也日益严重。到2030年，世界人口将会从70亿增至82亿，只有非洲人口平均年龄偏低。到2050年，人口将会在90亿到120亿之间。

- 气候变暖：即使我们今天停止排放二氧化碳，气候变暖仍将加剧。

- 自然资源：能源需求的暴涨促使我们开发新能源，并厉行节约。

- 能源危机临近：25年内，以上几点将会导致能源和石油危机的爆发。

- 新能源：从今天开始，太阳能、风能、水能、核能、生物能将被大力推广。

- 全球化：尽管众人对全球化褒贬不一，但全球化确实使数以亿计的人脱离了苦海。所有对全球化的讨论都围绕以下问题展开：是否涉及道德和价值观问题，是否有助于可持续发展及如何调控。全球化将会变得更加合理、更加均衡。

- 公共卫生领域的革命：检查、预防和医药……从根治疾病到延长生命！有人认为到2030年，人均寿命将会达到130到150岁。真令人期待啊！

- 高端技术：我们很快就会看到高端技术的飞速发展，将会对以下领域产生重大影响：能源、资源、传媒、公共卫生等。它适用于任何领域，在未来生活中不可或缺。

这些新发明中有的可以产生能量，有的可以快速消除大气中过量二氧化碳带来的消极影响，还有的可以发现新的制造工艺，尤其是毫微米工艺，能使到2030年时能源可以百分之百达到可再生。这完全有可能！

2011年伊始就发生了地缘政治剧变。此外，我们现在正经历的国际危机将会加速经济权利向新兴国家倾斜，尤其是中国和印度。到2030年，这些预测、它们的结果以及对它们的调控都将对未来全球人民生活的改善起到至关重要的作用。

总结
SUMMARY

到2020年，中国很有可能会成为世界第一大经济体。中国现在正大刀阔斧地进行改革，其势力范围又遍及五大洲，不出20年，中国必将成为一个超级大国。

凭借其在经济增长、改革措施、对外投资、跨国集团、商业贸易、内部发展和巨大的财力等方面取得的成就，中国在所有的领域的实力都将不容小觑。

中国现在拥有世界第一的外汇储备量！2010年底，其数额就达到了20870亿欧元，现在仍在持续快速地增长。中国将会被公认为金融市场上一股新的重要势力。它将会成为国际贸易中的领航者。

人民币将会成为世界货币。世界上最大的银行也将都是中国的银行。中国将不仅是美国的债权国，也将成为欧洲乃至全世界的财政部长，掌管全球经济。

中国将会推动全世界进行革新。虽然现在这只是个设想，但到2030年这将成为事实。如今中国大力开发新工艺、开展科研工作，照此趋势，中国将会成为可再生能源领域中的佼佼者。中国对各领域高端技术研究所作的大量投入在全世界都享有盛誉。

中国的企业也逐步走向国际，其对外投资业遍及全球，投资数额和规模也逐年扩大。中国将会在很多领域称雄世界，而在其他创新领域，中国的企业也在不断抢占全球市场。

中国在全国大力开发，尤其是西部地区。这是为了让整个国家更加充满活力！中国的城市化进程飞速发展，中产阶级的扩张速度也令人咂舌，中国农民的收入也急剧攀升。

2020年之前，中国就会成为世界强国，届时，中国将会成为历史上首个仍在不断发展的大国。

中国一直主张一个宽阔的、和谐的世界。几年以来，中国一直活跃在世界的舞台上。中美两国所扮演的角色将会互换。

中国一直秉持着多边主义和合作共赢的政治理念，中国将会摆出“高姿态”，不再将本国的政策、改革和新的伙伴关系强加给拉丁美洲、非洲和全世界。这将会造成何种后果？是积极的对话还是大国的之间的对抗？

中国作为史上最大也是发展最快的世界工厂，现代化进程速度也令人惊叹。中国将会继续践行实用主义、勇敢行动，在改革之路上走得更远，最终成为世界的领导者，为全世界树立一个新的榜样。

见所未见闻所未闻！我们西方文明占主导地位的时代即将终结，历史的那一页正在翻篇，尽管我们不愿相信，但这却是事实。这一巨大变化是我们必须学会适应的！

后记
POSTSCRIPT

二十年后，如果有人再读起我这本书，他很有可能会觉得我今天的分析与2031年的现实存在细微的差别。我们现在毕竟是在2011年啊！针对这样的话题做出预测是相当困难的。但在我看来，它依然是可靠的。

这项活动有一个必然的目的，就是要更好地阐释中国以及世界绝大部分地区的发展演变，为迎接未来做好准备。在根据现今已知的数据和发展趋势制定方案的同时，我也会使用所有可用的预测工具以及近几年在各个领域总结出的基本经验，以一种更稳妥的方式将它们延伸开来。

这绝非为了预测未来，也不是宣扬占卜学或未来学。倘若基于这样不合理的假设，我们便会深陷或焦虑、或天真的思想，无法自拔，与即将到来的新世界的现实相去甚远。

同样地，我能想象得出这项活动必然会从未来发掘出什么！……美国在缓慢衰落；欧洲世界和西方各国正在为维护各自曾经的霸权而争斗不休；中国成为世界的领导者，新兴国家相继涌现。

这一时期并非没有危机。这些危机将来自于世界人口爆炸式增长、日益扩大的气候反常、贫困问题、自然资源短缺、开发清洁、稳定而可靠能源的必要性以及不同民族间的冲突与暴乱等等。

而与此同时，我们也将迎来在自然科学、高新技术、人类健康以及平均寿命等领域的惊人发展。

现邀您进行一次穿越现在与未来的惊世之旅，来看看到2030年，新崛起的中国和整个世界将迎来怎样巨大的挑战，又会发生怎样重大的变革。

参考资料

REFERENCE MATERIAL

A.D．BARNETT，*Communist China，the Early Years*，1945-1955，New York，Praeger，1964，338p

A．FEUERWERKER（éd.），*History in Communist China*，Cambridge（Mass.），M.I.T.Press，1968，382p

R．GIRAUDY，*Le problème chinois*，Paris，Seghers，1967，304p

J．GITTINGS，*The Role of the Chinese Army*，New York，Oxford University Press，1967，128p

J．GUILLERMAZ，*La Chine populaire*，4e éd. mise à jour，Paris，P.U.F.，1967,128p

M．GOLDMAN，*Literary Dissent in Communist China*，Cambridge（Mass.），Harvard University Press，1967，344p

S．LEY，*Les habits neufs du président Mao*，Chronique de la revolution culturelle, Paris, Champ libre, 1971, 312p

K. MEHNERT, *Peking and the New Left*, Berkeley, University of California Press, 1969, 156p

J. MYRDAL, *Un village chinois*, Paris, Gallimard, 1964, 420p

R.C. NORTH, *Le communisme chinois* (trad. française), Paris, Hachette, 1966, 248p

J. PRUSEK, *Die Literatur des befreiten China und ihre Volkstraditionen*, Prague, Artia, 1955, 740p

P. SCHRAN, *The Development of Chinese Agrigulture*, 1950-1959, Urbana, University of Illinois Press, 1969, 200p

F.H. SCHURMANN, *Ideology and Organisation in Communist China*, Berkeley, University of California Press, 1966, 540p

TSIEN Tche-hao, *La Republique populaire de Chine*, *Droit constitutionnel et institutions*, Paris, Librairie générale de droit et de jurisprudence, 1970, 648p

Jacques GERNET, *Le monde chinois*, Nouvelle Edition d'Armand Colin, 1999, 699p

Roger DARROBERS, *Pékin au détour des rues et des ruelles*, Bleu de Chine, 2000, 340p

鸣谢

Maud Queutier

Jeanne Legendre

Maurice Picquart

Dyna Breant

Jean-Claude Pucciarelli

Haisong Zhang

我的家人

我的朋友们

以及所有给过我支持的人

联系我们

本周图书，中国首家“热点”图书公司，无论何种题材，热度第一。
策划：上海本周图书策划与版权中心/执行：郝玮刚（邮箱：futurebook@yeah.net）
本周图书博客：http：//blog.sina.com.cn/benzhoujiema
本周图书装帧设计：红猫工作室（官方博客：http：//blog.sina.com.cn/vivian0755cat）